大学入試シリーズ

236

鎌倉女子大学
鎌倉女子大学短期大学部

教学社

はしがき

2021 年度の大学入試は，世界的な新型コロナウイルスの感染拡大の状況下で実施され，多くの大学で試験範囲や選抜方法の一部が変更されるなどの影響が見られました。また，従来のセンター試験に代わる「大学入学共通テスト」の導入も重なり，多くの受験生にとって，不確定要素の多い，先行き不安な状況での大学入試となりました。こうした状況から，比較的早期に結果が決まる，総合型選抜・学校推薦型選抜への志望度が高まり，感染への不安から大都市圏への進学を忌避して，地元志向がより強くなるなどの傾向も見られました。

また，2020 年に大学に入学した人も，入学当初は対面での授業が実施されず，オンライン授業が中心となりました。一人で黙々と課題をこなし，クラブやサークルなどの課外活動も制限されて，友だちも十分に作れないといった状況も見られました。一方で，オンライン・ツールの浸透や拡大によって，海外の人たちなど，これまで以上に幅広い人たちと交流できるようになりました。また，一人の時間が増えたことで，周りに流されずより真剣に勉学に打ち込め，自分自身を見つめ直す機会が増えたといった，肯定的な意見も聞かれるようになりました。

社会の大きな変革期に差し掛かっており，不透明な状況はまだまだ続くように見えますが，こうした状況に柔軟に適応しつつも，自分自身がこの先どのように生きていくのか，将来何を成し遂げたいのかを，腰を据えてじっくりと考える時間や期間を大切にしてほしいと思います。大学に進学することは，幅広い見識を得る上で，貴重な選択肢であると言えます。

どのような境遇にあっても，その経験を意義あるものにするかどうかは自分次第です。いろいろと試行錯誤をする中で，当初は考えてもいなかったような道が拓けることもあります。また，たとえすぐには実を結ばなかったとしても，新しいことに挑戦した経験が，後々の人生で支えになることもあります。この困難な状況の中で，幾多の試練や難題を乗り越えて，栄冠を勝ち取られることを心より願っています。

編者しるす

本書刊行に際して

各大学や学部・学科の教育理念や教育内容を踏まえて，入学者にどのような能力を求め，入学者をどのように受け入れるのかを定めた方針が，「アドミッション・ポリシー」と言われるものです。この「アドミッション・ポリシー」を特に色濃く表したものが，各大学の過去の入試問題（過去問）であると言えます。創刊 60 年を超える「赤本」は，ますます高まる過去問の重要性に配慮しつつ，受験生の皆様や進路指導にあたられる先生方に，正確で役立つ資料提供を行ってまいります。

本書刊行に際しまして，資料をご提供いただいた大学関係者各位，本書への掲載許可をいただいた著作権者の皆様，各科目の執筆にあたられた先生方に，心より御礼を申し上げます。

「赤本」は，大学によって掲載内容が異なります。受験される試験日程・科目の掲載の有無や収載年数については，目次や問題編冒頭の科目欄でご確認ください。著作権上の理由やその他編集上の都合により，問題や解答の一部を割愛している場合があります。また，試験科目は変更される場合がありますので，あらかじめご了承ください。

なお，指定校推薦入試，社会人入試，編入学試験，帰国生入試などの特別入試，英語以外の外国語科目，商業・工業科目は，原則として掲載しておりません。

●お問い合わせについて

本書は当社編集部の責任のもと独自に作成したものです。本書の内容についてのお問い合わせは，赤本ウェブサイトの「お問い合わせ」より，必要事項をご入力の上ご連絡ください。電話でのお問い合わせは受け付けておりません。

なお，受験指導など，本書掲載内容以外の事柄に関しては，お答えしかねます。また，ご質問の内容によってはお時間をいただく場合がありますので，あらかじめご了承ください。

お問い合わせ先　http://akahon.net/

赤本の使い方

赤本は入試直前に解くものだと思っていませんか？　それだけでは赤本を十分に活用できているとはいえません。志望校合格のための，赤本の効果的な活用法を紹介します。

赤本を使う前に

大学入試では，大学や学部ごとに出題形式や頻出分野が異なります。志望校の傾向を知っておくと，試験本番に落ち着いて臨めるだけでなく，傾向に即した効果的な対策を立てることができます。つまり，早めに赤本を活用することが肝心なのです。

3ステップの赤本活用法

志望校が決まったら，本格的な受験勉強のスタートです。赤本をパートナーにして，次の3ステップで着実に志望校合格を目指しましょう。

STEP 1　過去問を解き，傾向をつかむ

志望校の傾向を知る一番の方法は，実際の過去問に当たることです。問題を解いて，解答方法や，試験時間に対する問題量，問題のレベルなどを体感してみましょう。さらに，赤本の「傾向と対策」には，解答をご執筆の先生方による詳しい傾向分析が載っています。必ず目を通してください。

合格者の声

志望校を決定してすぐ最新1年分の問題を解き，時間や難易度を肌で感じてから今後の学習方針を決めました。まだ十分に実力がついていなくても，自分で問題を解いてみることで発見することはたくさんあります。　（Hさん／国立大合格）

STEP 2　自分の実力を知り，対策を立てる

過去問を解くことで，今の自分に足りない力や苦手な分野などが見えてくるはずです。本番で合格点を取るためには，こうした弱点をなくしていくのが近道です。過去問を指針にして，何をどんな方法で強化すればよいかを考え，具体的な学習計画を立てましょう。「傾向と対策」のアドバイスも参考にしてください。学習が進んだら，過去問を再び解いて学習の成果を確認するとともに，学習計画を修正していきましょう。

合格者の声

解き終えた後，大問ごとに感想を書き出してみると志望校との距離感がつかめます。しばらくしてから解き直す際にも，その時の感想を見ることで自分の成長を実感することができ，やる気につながります。　（T さん／国立大合格）

STEP 3　実戦演習を重ねる

実力がついてきたら，試験時間に合わせて実戦演習を行うことが有効です。その際，大問ごとの時間配分や解く順番など，本番で実力を最大限に発揮するための作戦を考えておきましょう。問題を解き終えたら，答え合わせをするだけでなく，足りない知識を補強したり，よりよい解き方を研究したりするなどして，さらなる実力アップを図ってください。繰り返し解いて出題形式に慣れることも大切です。

合格者の声

望ましい時間配分は人によって違うので，演習を重ねて，どの時間配分だとやりやすいか研究するべき。　（O さん／私立大合格）

目　次

問題編＆解答編

（　）内は解答頁

2021年度

2020年度

2019年度

2018年度

●掲載内容についてのお断り

2021 年度に入試の名称が変更されました。本書には下記の入試を掲載しています。

2021 年度：一般選抜（特待生チャレンジ）

2018 ～ 2020 年度：一般入試Ⅰ期（Ａ日程）

University Guide

大学情報

大学の基本情報

学部・学科の構成

大　学

家政学部

家政保健学科

管理栄養学科

児童学部

児童学科

子ども心理学科

教育学部

教育学科

短期大学部

初等教育学科

専攻科（初等教育専攻）［1年］

大学院

児童学研究科

大学所在地

鎌倉女子大学
鎌倉女子大学短期大学部

〒247-8512　神奈川県鎌倉市大船６丁目１番３号

2021 年度入試データ

入試状況（志願者数・競争率など）

・競争率は受験者数〈総合型選抜（短大・併願制/保育者適性）Ⅰ期は志願者数〉÷合格者数で算出。

一般選抜（特待生チャレンジ・前期・後期）

学部・学科		区　分	募集人員	志願者数	受験者数	合格者数	競争率
家　政	家政保健	特待生チャレンジ	17	110 (40)	106 (38)	29 (0)	3.7
		前　期	8	76	54	13	4.2
		後　期	3	18	16	5	3.2
	管理栄養	特待生チャレンジ	25	120 (35)	118 (33)	81 (0)	1.5
		前　期	10	86	36	25	1.4
		後　期	8	5	3	3	1.0
児　童	児　童	特待生チャレンジ	37	136 (63)	134 (62)	53 (6)	2.5
		前　期	18	83	57	24	2.4
		後　期	8	13	13	9	1.4
	子ども心理	特待生チャレンジ	12	45 (14)	45 (14)	21 (0)	2.1
		前　期	4	34	24	12	2.0
		後　期	2	7	6	4	1.5
教　育	教　育	特待生チャレンジ	20	106 (30)	103 (29)	39 (0)	2.6
		前　期	8	86	58	21	2.8
		後　期	5	15	13	8	1.6
短　大	初等教育	特待生チャレンジ	17	119 (48)	114 (46)	70 (2)	1.6
		前　期	6	89	57	56	1.0
		後　期	2	24	20	20	1.0

（備考）特待生チャレンジの欄の下段（　）内は，入学手続完了者の一般選抜（特待生チャレンジ）の状況で内数。

■一般選抜（共通テスト利用）

学部・学科		区分	募集人員	志願者数	受験者数	合格者数	競争率
家　政	家政保健	前　期	7	98	97	37	2.6
		後　期	若干名	11	11	5	2.2
	管理栄養	前　期	17	78	73	58	1.3
		後　期	若干名	5	4	4	1.0
児　童	児　　童	前　期	12	134	134	77	1.7
		後　期	若干名	10	10	6	1.7
	子ども心理	前　期	5	144	143	68	2.1
		後　期	若干名	17	17	10	1.7
教　育	教　　育	前　期	15	121	121	55	2.2
		後　期	若干名	14	14	10	1.4
短　大	初等教育	前　期	5	60	60	60	1.0
		後　期	若干名	10	10	10	1.0

■学校推薦型選抜（一般）

学部・学科		募集人員	志願者数	受験者数	合格者数	競争率
家　政	家政保健	37	18	18	6	3.0
	管理栄養	60	21	21	17	1.2
児　童	児　　童	78	21	21	7	3.0
	子ども心理	22	7	7	5	1.4
教　育	教　　育	24	7	7	7	1.0
短　大	初等教育	110	11	11	11	1.0

（備考）募集人員は，一般，指定校，併設校の合計。

■総合型選抜（学部・専願制／高大接続）

学部・学科		募集人員	エントリー者数	出願許可者数	志願者数	受験者数	合格者数
家　政	家 政 保 健	8	25	25	18	18	8
児　童	児　　童	17	36	34	29	27	18
	子ども心理	5	13	13	13	13	9
教　育	教　　育	8	17	15	9	8	6

■総合型選抜（短大・併願制／保育者適性）Ⅰ期

学部・学科		募集人員	エントリー者数	受験者数	出願許可者数	志願者数	合格者数	競争率
短　大	初 等 教 育	50	63	55	55	50	50	1.0

■総合型選抜（短大・併願制／保育者適性）Ⅱ期

学部・学科		募集人員	志願者数	受験者数	合格者数	競争率
短　大	初 等 教 育	10	6	6	6	1.0

募集要項（出願書類）の入手方法

インターネット出願が導入されています。募集要項は，大学ホームページで確認またはダウンロードしてください。なお，テレメールからも請求できます。

問い合わせ先

〒247-8512　神奈川県鎌倉市大船６丁目１番３号
鎌倉女子大学・鎌倉女子大学短期大学部
入試・広報センター
TEL　0467-44-2117
FAX　0467-44-1168
URL　https://www.kamakura-u.ac.jp/

鎌倉女子大学・鎌倉女子大学短期大学部のテレメールによる資料請求方法

スマートフォンから　QRコードからアクセスしガイダンスに従ってご請求ください。
パソコンから　教学社 赤本ウェブサイト(akahon.net)から請求できます。

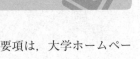

Trend & Steps

傾向と対策

（注）「傾向と対策」で示している，出題科目・出題範囲・試験時間等については，2021年度までに実施された入試の内容に基づいています。2022年度入試の選抜方法については，各大学が発表する学生募集要項等を必ずご確認ください。

また，新型コロナウイルスの感染拡大の状況によっては，募集時期や選抜方法が変更される可能性もあります。各大学のホームページで最新の情報をご確認ください。

＊　　＊　　＊

2020年度まで実施された一般入試Ⅰ期Ａ日程は，2021年度入試では一般選抜（特待生チャレンジ）に名称が変更された。

英　語

年　度	番号	項　　目	内　　　容
2021	〔1〕	文法・語彙	空所補充
	〔2〕	文法・語彙	空所補充
	〔3〕	会　話　文	空所補充
	〔4〕	読　　　解	空所補充
	〔5〕	読　　　解	内容真偽，要約文の完成
	〔6〕	読　　　解	同意表現，語句整序，空所補充，内容真偽
2020	〔1〕	文法・語彙	空所補充，適切な応答
	〔2〕	文法・語彙	空所補充
	〔3〕	会　話　文	空所補充
	〔4〕	会　話　文	空所補充
	〔5〕	文法・語彙	語の定義
	〔6〕	読　　　解	同意表現，空所補充，内容説明，内容真偽
2019	〔1〕	文法・語彙	空所補充，適切な応答
	〔2〕	文法・語彙	空所補充
	〔3〕	会　話　文	空所補充
	〔4〕	会　話　文	空所補充，内容真偽
	〔5〕	文法・語彙	語の定義
	〔6〕	読　　　解	空所補充，内容説明

2018	〔1〕	文法・語彙	空所補充，適切な応答
	〔2〕	文法・語彙	空所補充
	〔3〕	会　話　文	空所補充
	〔4〕	発　　　音	アクセント，文強勢
	〔5〕	読　　　解	内容説明
	〔6〕	読　　　解	空所補充，同意表現，内容説明，内容真偽，主題

傾　向　　読解力を中心に基礎力を重視！

1　出題形式は？

大問数は例年６題で，試験時間は60分。マークシート方式は採用されていないが，多くの問題が選択肢から正解を選択する形式となっている。

2　出題内容はどうか？

2021年度は，文法・語彙問題２題，会話文問題１題，読解問題３題の大問構成であった。読解力が重視される構成である。過去に出題された発音・アクセント問題はここ３年出題されていない。2020・2019年度に出題された与えられた英単語の定義を英語で説明する問題も，2021年度は出題されなかった。長文読解問題の設問は空所補充，内容説明，内容真偽などで構成されている。2021年度の内容真偽には，与えられた英文の真偽を判定する形式と，本文の内容に一致する和文を選択する形式があった。英文の内容は，2018年度の「英語学習に求められる批判的思考」，2019年度の「米国における小学校低学年における外国語教育の現状」，2021年度の「知能指数の正しい理解」からわかるように教育をトピックにしたものが多くなっている。〔1〕〔2〕の文法・語彙問題，〔3〕の会話文は，例年，基本的な頻出問題で構成されている。

3　難易度は？

文法を問う問題においてはかなり正確な知識が要求されており，また語彙，会話表現，慣用表現については確実な知識がなければ解けない問題も多い。全体的に問題そのものは解きやすいが，試験時間が60分と短めなので時間配分に注意が必要である。

対　策

❶ 文法・語彙問題

前述のとおり，正確な知識が問われる。文法の学習においては，特に5文型，句と節，準動詞，時制など，文の構造に関わる基本的な知識の定着を徹底すること。語彙や慣用表現の学習においても，「見て意味がわかる」レベルではなく，空欄を埋められるレベルまで徹底して習得するよう心がけるべきである。文法・語法の頻出問題集から自分に合ったものを選び，繰り返し取り組み，自信をつけよう。

❷ 会話文問題

会話文特有の表現について，知識を蓄える必要がある。会話文表現を扱った問題集や，会話文の章を含む文法・語法問題集などを用意し，繰り返し学習するとよい。また，会話文問題においても，文法・語彙および読解の力が問われるので，上記の方法で対策に取り組むことが大切である。

❸ 読解問題

読解問題は，英文の語彙や表現自体は標準的なものであるが，設問が正確な理解を要求するものとなっている。「英文の意味がわかる」程度のレベルではなく，状況や作者の意図も把握する必要がある。比較的平易な長文問題に多く当たるとともに，それぞれの文について「何が書かれているのか」だけでなく，その文が「なぜ書かれているのか」を考えながら読む習慣をつけよう。

化　学

年度	番号	項　目	内　容
2021	〔1〕	総　合	日常生活と化学
	〔2〕	理　論	同位体の性質と利用
	〔3〕	理　論	中和滴定　⇨計算
	〔4〕	無　機	陽イオンの分離，炎色反応　⇨論述
	〔5〕	有　機	有機化合物の推定
	〔6〕	理　論	スクロース水溶液の調製と濃度計算　⇨計算
2020	〔1〕	理　論	周期表と元素の性質
	〔2〕	理　論	硫酸の濃度換算，溶解度　⇨計算
	〔3〕	理　論	水酸化ナトリウム水溶液の電気分解
	〔4〕	無　機	銅とその化合物の性質
	〔5〕	無　機	無機化合物の工業的製法
	〔6〕	有　機	アルコールの酸化反応の性質　⇨論述
2019	〔1〕	有　機	化学物質が持つリスク，食品添加物　⇨論述
	〔2〕	理　論	水溶液の濃度換算，塩酸の希釈　⇨計算
	〔3〕	理　論	酸化還元滴定　⇨論述・計算
	〔4〕	無　機	リンとその化合物の性質
	〔5〕	無　機	金属イオンの沈殿と分離
	〔6〕	有　機	芳香族化合物の性質
2018	〔1〕	有　機	産業利用されている繊維や樹脂，リサイクル
	〔2〕	理　論	物質を構成する基本粒子の構造とその結晶の性質
	〔3〕	理　論	醤油中の塩分濃度と水溶液の調整　⇨計算
	〔4〕	無　機	窒素とその化合物の性質
	〔5〕	無　機	鉄化合物の水溶液と沈殿
	〔6〕	有　機	$C_4H_{10}O$ で表される有機化合物の構造とその性質

（注）　2018 ～ 2020 年度：「化学基礎・化学」は〔1〕～〔6〕，「化学基礎・生物基礎」は〔1〕～〔3〕を解答。

傾向　広範囲にわたる基本的知識が必要　記述・論述対策は必須

1　出題形式は？

2021 年度の「化学基礎・化学」は，例年と同様，大問 6 題であった。2021 年度より「化学基礎・生物基礎」の科目選択はなくなった。

一部で選択式もみられるが，ほぼ記述式となっている。例年，理由や用語，性質などを簡潔に説明させる論述問題が出題されている。試験時間は 60 分。

2　出題内容はどうか？

出題範囲は「化学基礎・化学（無機物質の性質と利用・有機化合物の性質と利用)」である。

理論・無機・有機から幅広く出題されており，理論では計算問題が多く出題されている。

3　難易度は？

例年，基本〜標準レベルである。小問数が多く，化学反応式や熱化学方程式，構造式や示性式を書かせる問題，論述問題が出題されている。いずれの分野においても教科書レベルの基本的知識を十分に身につけておく必要がある。

対　策

1　理　論

難問が出題されることは少ないので，基本事項をしっかりと押さえ，教科書レベルの基本的な問題演習を繰り返すことが大切である。周期表，基本的用語のほか，物質量計算，濃度計算，熱化学，酸・塩基と中和，酸化還元，電気分解などが出題されているので，正確に理解しておくことが必要である。教科書をじっくり読んだ上で，教科書傍用などの基本的な問題集で学習するのがよいだろう。よく似た内容の問題が出題されることがあるので，過去問研究は有効である。

2　無　機

教科書に出てくる無機物質の名称や化学式，製法，特徴的な性質をしっかりまとめて暗記しよう。また，化学反応式の記述が多く出題されるので，教科書に載っている基本的な化学反応式は書けるよう練習しておこう。特に気体，典型元素については性質や反応をまとめておくこと。また，身のまわりの物質や科学技術の応用例についても，資料集などを見て理解を深めておきたい。

3 有　機

教科書に出てくる化合物名，構造式はマスターしておこう。特に高級脂肪酸や芳香族化合物のように，慣用名が使われており，構造式を想像できないタイプの化合物は注意して暗記すること。また，異性体は高い頻度で出題されているので，構造異性体，幾何異性体，光学異性体の区別をし，いろいろな異性体の構造式が書けるように練習しておくべきである。

例年，人間生活に関係の深い分野からの出題がみられる。身近な現象や物質に興味を持ち，資料集を活用しながら理解を深めておきたい。

生　物

年度	番号	項　　目	内　　容	
2021	〔1〕	細　　胞	光学顕微鏡の操作	⇨計算
	〔2〕	体内環境	ヒトの体液，血液凝固	
	〔3〕	代　　謝	代謝とエネルギー，細胞内共生説	
	〔4〕	生殖・発生	ウニの発生，卵割と体細胞分裂（80字）	⇨論述
	〔5〕	遺伝情報，生殖・発生	染色体と遺伝子，減数分裂（15字・50字）	⇨論述
	〔6〕	生　　態	物質の循環，環境問題	
2020	〔1〕	遺伝情報	DNAの構造，セントラルドグマ	⇨計算
	〔2〕	体内環境	生体防御	
	〔3〕	代謝，生態	光合成と呼吸，生態系，地球温暖化（70字）	⇨論述
	〔4〕	動物の反応	ニューロンの構造，興奮の伝導と伝達	
	〔5〕	生殖・発生	発生のしくみ（130字），再生医療（40字）	⇨論述
	〔6〕	生殖・発生	減数分裂による配偶子形成	⇨計算
2019	〔1〕	細　　胞	体細胞分裂	⇨計算
	〔2〕	遺伝情報	DNAとゲノム	⇨計算
	〔3〕	生　　態	エネルギーの流れ	⇨計算
	〔4〕	生殖・発生	発生のしくみ	
	〔5〕	動物の反応	ヒトの聴覚	
	〔6〕	植物の反応	植物ホルモン	⇨論述
2018	〔1〕	細　　胞	細胞に関する研究史，細胞の大きさ	
	〔2〕	生　　態	遷移（40字）	⇨論述
	〔3〕	体内環境	肝臓のはたらき	
	〔4〕	動物の反応	筋収縮のしくみ	
	〔5〕	生殖・発生	染色体，減数分裂	⇨計算
	〔6〕	植物の反応	植物ホルモン（35字）	⇨論述

（注）　2018～2020年度：「生物基礎・生物」は〔1〕～〔6〕，「化学基礎・生物基礎」は〔1〕～〔3〕を解答。

傾　向　基本的な知識の習得を確実に各分野満遍なく準備を

1　出題形式は？

2021年度の「生物基礎・生物」は，例年と同様，大問6題であった。大問6題のうち4題が生物基礎からの出題となっている。2021年度より「化学基礎・生物基礎」の選択科目はなくなった。

選択問題と用語を答える記述問題が多いが，論述問題や計算問題も出題されている。試験時間は60分。

2　出題内容はどうか？

出題範囲は「生物基礎・生物（生物の生殖と発生・生物の環境応答）」であり，出題範囲の各分野から満遍なく出題されている。

3　難易度は？

基本的な知識を問う出題が大半であるが，一部にやや難しい出題もみられた。全体としては標準レベルの出題といえる。

対策

1　基本的な知識を確実に身につけよう

記述問題や選択問題に答えるには基本的な知識が必要である。教科書を何度も読み返し，用語の正しい意味と使い方を理解しよう。

2　問題集で基礎力の定着を

教科書傍用の問題集やサブノート形式の問題集で，基礎的な知識が定着したかどうかを確認しよう。そして，誤りをチェックし，さらに同じ問題集を繰り返し演習し，正解率を高めていきたい。基礎的な計算問題についても積極的に演習を重ねておこう。

3　実験考察問題と論述対策

実験やグラフなどのデータを考察する問題が出題されることもあるので，教科書に出てくる実験については，実験の目的・方法・結果・考察などをよく理解しておくこと。そして，実験考察の内容を20～30字で書いてみること。日頃から教科書を読むときには用語の使い方を意識し，さらに用語の意味を簡潔に説明する練習を行い，先生に添削してもらえば論述力の向上も早くなるだろう。

4　時間内に解く練習を

せっかくの知識や論述力も試験時間内に発揮できなければ意味がない。ある程度の力がついたら必ず時間を計って過去問演習を行い，時間配分を確認すること。時間を意識した演習を行うことで，本番に近い緊張感のなかで力を発揮する練習ができる。

国　語

年度	番号	種類	類別	内容	出典
2021	〔1〕	現代文	評論	読み，書き取り，内容説明（30字他），空所補充，漢字の知識，文章の構成	「水墨画入門」島尾新
	〔2〕	現代文	随筆	空所補充，語意，内容説明（30字他），俳句の知識，文法（口語），内容真偽	「魯山人味道」北大路魯山人
	〔3〕	国語常識		文学史	
	〔4〕	国語常識		四字熟語，語意	
2020	〔1〕	現代文	評論	読み，書き取り，内容説明（25字2問他），箇所指摘，空所補充，内容真偽，文章の構成	「鳥と人間の文化誌」奥野卓司
	〔2〕	現代文	随筆	語意，内容説明（15字他），箇所指摘，文法，内容真偽，文学史	「双影 芥川龍之介と夫比呂志」芥川瑠璃子
	〔3〕	国語常識		慣用句	
2019	〔1〕	現代文	評論	読み，書き取り，空所補充，内容説明（40字他），箇所指摘，語意，内容真偽	「日本とは何か」梅棹忠夫
	〔2〕	現代文	随筆	四字熟語，文学史，語意，文法（口語），内容説明（60字他），空所補充，箇所指摘	「一高の夏目先生」鶴見祐輔
	〔3〕	国語常識		語意，ことわざ，敬語	
2018	〔1〕	現代文	評論	書き取り，読み，空所補充，内容説明，内容真偽	「デザインは学べるのか」佐藤直樹
	〔2〕	現代文	小説	空所補充，箇所指摘，内容説明，内容真偽，文学史	「地図」阿部知二
	〔3〕	国語常識		語意，ことわざ，敬語，四字熟語	

傾　向　基礎力を確実に身につけよう 正確かつ迅速な解答が要求される

1　出題形式は？

2021年度は現代文2題，国語常識2題の計4題の出題であった。大学・短大で全問共通問題となっている。2020年度まで現代文2題，国語常識1題の計3題であったが，国語常識が2題に分かれただけであるので，大きな変化ではない。設問形式は選択式と記述式の併用で，解答用紙は選択式と記述式がB4判の大きさの1枚にまとめられている。試験時間は60分。

2　出題内容はどうか？

現代文は，例年2題出題されている。そのうち1題は評論で，もう1題は様々なジャンルの文章が出題されており，問題文はやや長め。内容は全般的には文芸評論・文化論・芸術論・言語論が多く，作家を取り上げた文章が目立つ。小説が出題されることもある。設問内容は，空所補充と内容説明が中心だが，ほとんどが選択式である。記述式の内容説明問題では，2019年度は40字と60字のものが出題されたが，2020年度は多いもので20～25字，2021年度は30字と，少し減少している。文学史は頻出で，例年出題されている。

国語常識は，語意・慣用句・ことわざなどが出題されている。短文の一部が空所になっていて正しい言葉（慣用句）を選択する問題や短文中の四字熟語を完成させる問題などがみられる。慣用句やことわざ，敬語表現については，いくつかの文例が示され，正しい使われ方，または誤った使われ方のものを選択する問題なども出題されることがある。どれも基礎的なものであり，特に難問は出題されていない。

3　難易度は？

内容説明や箇所指摘が多く出題され，漢字の書き取りや読み，文学史の知識なども求められる。ケアレスミスは致命傷になるので正確さが要求される。記述の内容説明問題は，時間配分が重要になる。国語常識の大問を手早く仕上げ，現代文に時間をかけられるように練習しておきたい。

対策

1　現代文

問題文は平易なものが多いが，長文読解には慣れておく必要がある。具体的には，新聞や新書等の文章を普段から読むよう心がけよう。文章は常に丁寧に読み，主題・論旨・筆者独特の表現や論の展開に注意して内容を把握するよう心がけたい。問題演習は，文芸評論・文化論・芸術論を中心に選択式のものを用い，「何を問われているのか」を正確につかむとともに，その選択肢がなぜ誤りか，なぜ正解かを説明できるようにしながら解くこと。解答後には問題集の解説をきちんと読んでおこう。20～60字程度の記述の解答作成の練習もしておくこと。

2 国語常識

普段から，覚えるべき事項をコツコツ覚えること。漢字の書き取り・読み，文学史は頻出である。漢字は学校で使う問題集で十分なのでしっかりこなすこと。文学史については，有名作品と著者，成立年代の概略を押さえておく必要がある。近代は特に入念に勉強しておこう。口語文法の敬語の学習も重要。敬語の種類と使い方を見分けられるようにしたい。また，慣用句やことわざの用例が出題されているので，正しく使えるように学習しておきたい。いずれも基礎的なものではあるが，範囲も広いので，知識を整理し，確実な得点源にできるようにしよう。国語便覧を日頃から活用しておくとよい。

2021年度

問題と解答

■一般選抜（特待生チャレンジ）

問題編

▶試験科目・配点

学部・学科		教　科	科　　　目	配　点
家政	家政保健	外国語	コミュニケーション英語Ⅰ・Ⅱ，英語表現Ⅰ	100点
		国　語	国語総合（古文・漢文を除く）	100点
	管理栄養	外国語	コミュニケーション英語Ⅰ・Ⅱ，英語表現Ⅰ	3教科受験 2教科判定※③ （各100点）
		国　語	国語総合（古文・漢文を除く）	
		理　科	「化学基礎・化学※①」，「生物基礎・生物※②」から1科目選択	
児　童		外国語	コミュニケーション英語Ⅰ・Ⅱ，英語表現Ⅰ	100点
		国　語	国語総合（古文・漢文を除く）	100点
教　育		外国語	コミュニケーション英語Ⅰ・Ⅱ，英語表現Ⅰ	100点
		国　語	国語総合（古文・漢文を除く）	100点
短　大		国　語	国語総合（古文・漢文を除く）	100点

▶備　考

調査書および上記の学力試験により選考される。

※①：「化学基礎・化学」の出題範囲は，「無機物質の性質と利用・有機化合物の性質と利用」

※②：「生物基礎・生物」の出題範囲は，「生物の生殖と発生・生物の環境応答」

※③：各教科を偏差値化して外国語と国語の高い教科の偏差値と理科の偏差値の合計で判定する。

英語

（60 分）

第1問　次の各文のカッコ内に入る最も適切な英語をア～エの中から選び、その記号を書きなさい。

問 1　I agree (　　　) her for the most part.

ア. by　イ. for　ウ. in　エ. with

問 2　Our boss started the project, so he will be blamed if things (　　　) wrong.

ア. go　イ. had gone　ウ. has gone　エ. went

問 3　Tom saw a boat (　　　) in the sea between the two islands, so he called the rescue squad immediately.

ア. to float　イ. floating　ウ. to be floated　エ. floated

問 4　It's quite difficult to arrange airline tickets to Osaka in this season. They're (　　　).

ア. fully always booked　イ. full booking always

ウ. always fully booked　エ. booking full always

問 5　Recently I started to read the news online. That's why I stopped (　　　) to any newspapers.

ア. on subscribing　イ. subscribe　ウ. subscribing　エ. to subscribe

第2問 次の各文のカッコ内に入る最も適切な英語をア〜エの中から選び、その記号を書きなさい。

問1 I ( ) how many people want to join in this online event.

ア. doubt イ. think ウ. wonder エ. hear

問2 How many eggs did the hen ( ) this morning? I saw some yesterday, but I cannot find any right now.

ア. fall イ. lay ウ. earn エ. construct

問3 Angelina was presented with an ( ) for her excellent performance.

ア. award イ. error ウ. inquiry エ. offense

問4 It's about time to ( ) our discussion. We have discussed the matter throughout the day.

ア. run for イ. bring into ウ. begin エ. summarize

問5 My hometown in Canada is so ( ) that only airplanes and snowmobiles connect the district's three tiny villages.

ア. urban イ. lifelong ウ. isolated エ. modernized

問6 You ( ) who might be listening to you. You should close the window immediately.

ア. never know イ. always know

ウ. have ever seen エ. have seen recently

問7 Suddenly a funny idea ( ) Kate. It was kind of stupid in the beginning.

ア. lost sight of イ. had in mind to

ウ. gave a glance at エ. took hold of

問8 Every time I ( ) an answer to your question, you have found new questions that I didn't expect.

ア. come up with イ. put up with ウ. look down on エ. sit down on

問9 Internet service in this country is very expensive and comes with data capacity. Internet service is also ( ) due to weather.

ア. quite fast at work イ. prone to interruptions

ウ. destroyed and absorbed エ. developed and run

問10 As students become familiar with remote learning, educational technology companies are trying to sell their products ( ) and engaged.

ア. so as not to offer students

イ. as solutions to keep students connected

ウ. when it comes to connect students

エ. so that students cannot offer solutions

第３問　次のカッコ①～⑩に入る最も適切な英語をア～エの中から選び、その記号を書きなさい。

問 1　A: How do you like Tokyo life? Have you become used to it yet?
B: Yes, it is just great! There is one thing I (　①　), though. That is the heavy traffic jam in the city.
A: Well, that is something you cannot avoid (　②　).
B: I agree. Other than that I am pleased with my new environment.

①の選択肢

ア. am happiest about

イ. have to adjust to

ウ. refrain from enjoying

エ. can hardly adopt

②の選択肢

ア. as long as you choose to live in Tokyo

イ. provided that you stay away from Tokyo

ウ. if you decide to move from Tokyo

エ. as far as you are concerned

問 2　*looking at a picture*
A: Oh, pretty three sisters! Is this an old picture of when you were a child? Which one are you?
B: The little girl with the red ribbon is me. It (　③　) of the time when three of us all lived together in my hometown.
A: Where do your sisters live? Do they still live there?
B: That's right. (　④　) who came up to Tokyo to get into university.

③の選択肢

ア. is not so nostalgic

イ. remembers something

ウ. brings back memories

エ. describes the story

④の選択肢

ア. I have three sisters

イ. This is my big sister

ウ. I'm the only girl

エ. There is one sister

問 3　A: I got caught in a shower and got wet to the skin.
B: Didn't you bring an umbrella with you?
A: Sure I did, but (　⑤　)
B: (　⑥　) Why don't you take a bath?

⑤の選択肢

ア. there was also a devastating tornado.

イ. there was also a horrible thunder.

ウ. there was also a pool of water.

エ. there was also a strong wind blowing.

⑥の選択肢

ア. I regret it.

イ. Things could have been better.

ウ. Too bad.

エ. I wonder!

問 4　*in a coffee shop*
A: Excuse me, (　⑦　) to smoke here.
B: Oh, I forgot. This is a non-smoking area, right? I will move to the smoking area.
A: Sorry, you may (　⑧　) but we made the whole area non-smoking recently.
B: Really? It is news to me. I got it.

⑦の選択肢

ア. you are not hesitating

イ. you are allowed

ウ. you are privileged

エ. you are not supposed

⑧の選択肢

ア. smoke freely

イ. feel uncomfortable

ウ. be delighted

エ. have heard it from someone

問 5 *on the phone*

A: How long are you staying in Japan on this business trip? Can you come and visit my place?

B: (⑨). I cannot spend more than five days this time, and I cannot tell how soon I can get my business done in Tokyo.

A: I see. But I (⑩). I had my house renovated and it looks like a totally new house now. Besides, it's just a short trip from Tokyo, isn't it?

B: OK, if you insist. I will try my best. Wish me luck with my business deal.

⑨の選択肢

ア. Ten days

イ. That depends

ウ. Not more than three days

エ. You are asking for something impossible

⑩の選択肢

ア. really want you to call me as soon as you arrive in Tokyo

イ. really want you to come to Tokyo

ウ. really want you to drop by my house

エ. really want you to finish your business first

第４問 次の英文と対話文を読み、後の問いに答えなさい。

I was brought up in Japan and educated in Japanese schools through the medium of Japanese until I was 15 years old. My background is that I received all of my compulsory education in Nagano prefecture in Japan, before returning to the UK for *1Ordinary and Advanced level examinations, my degree and a *2Postgraduate Certificate in Education (PGCE). I cannot remember a time when I was not bilingual between English and Japanese.

I did have a very bad 'culture shock' experience when I first came to the UK. This was because, although when we were in Japan we had always talked about England as 'home', in fact culturally this was not the case for me. Even today my instinctive thought patterns are often Japanese. For example, when I think how I should relate to certain people I tend to apply the Japanese concepts of '*giri*' and '*on*' (social obligation). In this way I tend to expect relationships to be based on a Japanese model, and I consciously have to stop myself and reason that what I am expecting is the Japanese way of behaving and not an English one.

(Lydia Morey, Japanese and English: Languages of Different Organization, In Asako Yamada-Yamamoto & Brian J. Richards, *Japanese Children Abroad: Cultural, Educational and Language Issues,* Bilingual Education And Bilingualism 15, Multilingual Matters Ltd. 1998,一部改変)

注）　*1 Ordinary and Advanced level examinations: イギリスの中等教育修了を評価するＯレベルと高等教育入学資格として認められるＡレベルの統一試験

*2 Postgraduate Certificate in Education: 教職専門課程

In International Communication Class

Professor：Students, have you finished reading the above passage? Hanako, may I ask you some questions, since you had overseas experience as well.

Hanako：Yes, of course.　I was brought up in UK in my childhood and returned to Japan when I was 13.

Professor：Did you experience (　①　) when you returned to Japan?

Hanako：Yes, actually I went through a hard time getting used to the Japanese school system at that time.

Professor：What made you feel that it was difficult to adjust to Japanese schools?

Hanako：The most striking thing was that my classmates in Japan (　②　) ask teachers questions in class.　When I raised my hand to ask questions, I felt uneasy in the atmosphere of the silent class.

Professor：I believe you felt free to ask questions in English schools to discuss various issues with your classmates.　Now, what else made you (a)________ during the transition time?

Hanako：As was mentioned in this passage, I always dreamed of returning to Japan since we always talked about Japan as '(　③　)' among family.

Professor：It must have been very hard for you.　Did you also find it difficult to understand relationships in Japan like '(　④　)' and '*on*'?

Hanako：Yes, indeed.　I was more independent and rational, which made me puzzled in group activities.　However, now I feel very lucky to have experienced two cultures and believe this will be the (b)________ of my career in the future.

問 1　対話文のカッコ①～④に入る最も適切な英語をア～エの中から選び、その記号を書きなさい。

①　ア. a Japanese model

イ. an English accent

ウ. high time

エ. culture shock

②　ア. often

イ. seldom

ウ. always

エ. continuously

③　ア. home

イ. a foreign country

ウ. a country we would never return

エ. a wonderland

④　ア. *enryo*

イ. *omoiyari*

ウ. *kenson*

エ. *giri*

問 2　本文の内容に合うように、下線部 (a) と (b) に入る最も適切な英語をア～カの中から選び、その記号を書きなさい。

ア. obstacle　イ. strength　ウ. weakness　エ. happy
オ. lonely　カ. excited

第5問　次の英文は、職場の衛生管理を目的とする手洗い励行に関するものです。英文とイラストを読み、後の問いに答えなさい。

To maintain the offices in a good sanitary and clean state, we need to follow the 9 steps of proper hand washing. But first, why does hand washing require 9 steps? You just wash your hands and go, right? Oh, how wrong.... Not washing your hands properly is the biggest cause of office illness. It is estimated a desk phone has 25,127 microbes [*1] per sq. inch, keyboards 3,295 and mice 1,676, so you might not be surprised to find out that 60% of time-off-work illnesses [*2] are contracted from dirty office equipment. Follow these 9 simple steps to get rid of germs and viruses on your hands.

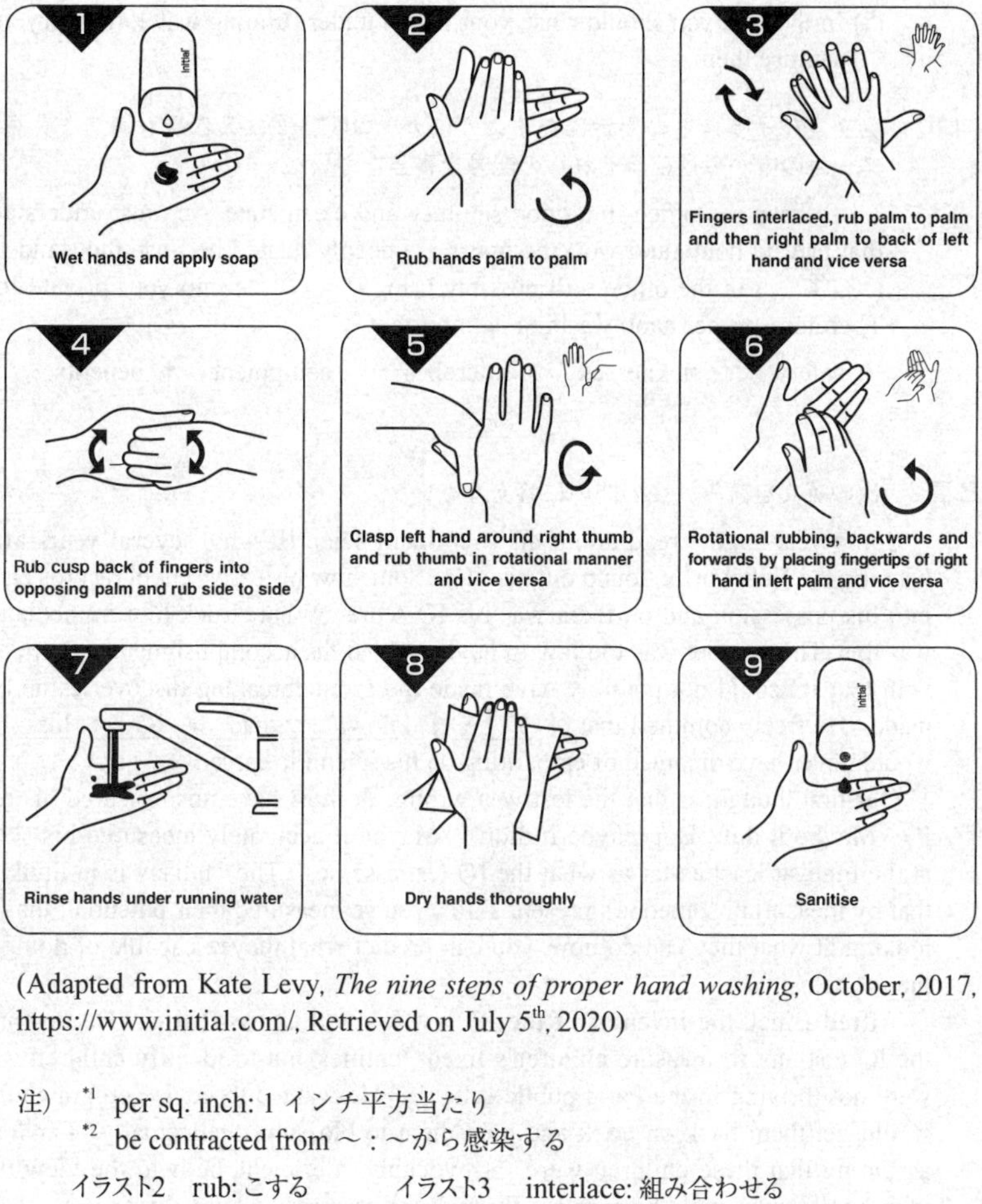
1
Wet hands and apply soap
2
Rub hands palm to palm
3
Fingers interlaced, rub palm to palm and then right palm to back of left hand and vice versa
4
Rub cusp back of fingers into opposing palm and rub side to side
5
Clasp left hand around right thumb and rub thumb in rotational manner and vice versa
6
Rotational rubbing, backwards and forwards by placing fingertips of right hand in left palm and vice versa
7
Rinse hands under running water
8
Dry hands thoroughly
9
Sanitise

(Adapted from Kate Levy, *The nine steps of proper hand washing,* October, 2017, https://www.initial.com/, Retrieved on July 5th, 2020)

注） [*1] per sq. inch: 1 インチ平方当たり
　　[*2] be contracted from ～：～から感染する
　　イラスト2　rub: こする　　イラスト3　interlace: 組み合わせる
　　イラスト4　cusp: 先端　　イラスト5　clasp: 握りしめる

問 1　英文及びイラストの内容に一致する場合は○、一致しない場合は×を書きなさい。

(1) Washing your hands lightly without soap will keep the office sanitary and in a clean state.

(2) Keyboards in the office have about twice as many microbes as mice do.

(3) You should wash your hands carefully not to hurt yourself with your fingertips.

(4) You must clasp and rub right and left thumbs in rotation manner as well as other fingers.

(5) In the end, you should rinse your hands under running water, then dry and sanitise them.

問 2　英文及びイラストの要旨になるようにカッコ①、②に入る最も適切な英語をア〜オの中から選び、それらの記号を書きなさい。

To keep the office in a good sanitary and clean state, we must understand that private hours and working hours are deeply related because thousands of (　①　) in the office will possibly bring (　②　) into your private life. Therefore, proper hand washing is important.

ア. safety　イ. sicknesses　ウ. microbes　エ. equipment　オ. benefits

第６問　次の英文を読み、後の問いに答えなさい。

Some years ago I read about an ①<u>eminent</u> scientist who, several years after winning the Nobel prize, found out his [*1]IQ. Somehow his early school records came into his possession and on them was his IQ score. What struck him immediately was this: The number was too low to have enabled his accomplishments. Someone with that IQ could not possibly have made the groundbreaking discoveries he had made. He freely admitted that ②<u>(ア. he　イ. known　ウ. had　エ. IQ　オ. his)</u>, he would never have dreamed of embarking on his scientific career.

Our first thought is that the test was wrong. It must have mismeasured his real IQ. Maybe it did. But maybe it didn't. Maybe it accurately measured his skills at the time, at least as far as what the IQ test assesses. The [*2]fallacy is in thinking that by measuring someone's present skills, you've measured their potential; that by looking at what they can do now, you can predict what they're capable of doing in the future.

Alfred Binet, the inventor of the IQ test, knew this wasn't true. He invented the IQ test, not to measure children's fixed [*3]entities, but to identify children who were not thriving in the Paris public schools. He wanted to devise programs that would get them back on track and help them to blossom intellectually. Far from assuming that these children were [*4]irrevocably [*5]deficient, he held the view that their intelligence could be nurtured through the proper educational programs.

(中略)

Can we measure intellectual potential? No. We can measure what someone can do right now, and we can use our measurement to try to predict what he or she might do in the future, but we cannot really measure potential. What's more, all our predictions have a great margin of error. There's a great deal of error in trying to predict academic achievement from prior IQ scores, and if we want to predict success in life, IQ scores are (　③　) very little use.

The enormous fuss over whether one group in our society has 5 or 10 more IQ points than another group is, for the most part, senseless. It would make sense to raise a fuss over this only if it [*6]spurred us to fight for greater equality of education. But it makes no sense to use this as an index of a group's potential, as an index of what they're capable of accomplishing with the right kinds of motivation and instruction.

(Carol S. Dweck, *Self-Theories: Their Role in Motivation, Personality, and Development,* Psychology Press, 2000 一部改変)

注）*1 IQ (intelligence quotient)：知能指数 *2 fallacy：誤った推論
*3 entity：本質 *4 irrevocably：取り返しのつかないほど
*5 deficient：学習に遅れがある *6 spur：励みになる

問 1 下線部①と最も近い意味の英語をア～エの中から選び、その記号を書きなさい。

ア. gorgeous イ. independent ウ. self-disciplined エ. famous

問 2 下線部②を正しい順番に並べ替え、2 番目と 4 番目に来る英語を記号で書きなさい。

問 3 英文中のカッコ③に入る最も適切な英語をア～エの中から選び、その記号を書きなさい。

ア. at イ. for ウ. of エ. in

問 4 本文に述べられている内容と一致するものをア～オの中から 2 つ選び、その記号を書きなさい。

ア. IQ テストは、子どもの将来の知的発達を予測できる尺度である。
イ. Alfred Binet は学習に遅れのある子どもたちが遅れを取り戻して、知的発達を遂げるプログラムを作ろうとした。
ウ. 英文中のノーベル賞受賞者の IQ はやはり並外れて高かった。
エ. IQ から子どもの将来の知的発達、ましてや成功を予測しようとすることは誤りである。
オ. 英文中のノーベル賞受賞者は、子どものころに自分の IQ を知っていれば良かったと述懐した。

化学

（60分）

（注意）必要があれば、次の値を使用しなさい。 原子量　H：1、C：12、O：16、Na：23、S：32、Cl：35.5、I：127

第1問　次の(1)～(10)の文章は、日常生活に関する物質についての記述である。文章が正しい場合には「○」の記号を、誤りを含んでいる場合には「×」の記号を解答欄に答えなさい。

(1)　アルミニウム板の製造に必要なエネルギーは、鉱石から製造する方が、アルミニウム缶などからリサイクルするよりも節約できる。

(2)　油で揚げたスナック菓子の袋に酸素が充填されているのは、油が劣化するのを防止するためである。

(3)　活性炭は、殺菌のため水道水に加えられている。

(4)　プラスチック・バッグの使用削減が求められているのは、廃棄されたプラスチック・バッグがごみ集積場に蓄積して他のゴミが捨てられなくなるからである。

(5)　雨水には空気中の二酸化炭素が溶けているため、大気汚染の影響がなくても雨水は酸性である。

(6)　一般の洗剤には、親水性の部分と疎水性の部分とをあわせもつ分子が含まれている。

(7)　塩化ナトリウムは、塩素系漂白剤の主成分として用いられている。

(8)　金属の銅は、ブロンズ像の主たる成分である。

(9)　ポリエチレンテレフタラートは、飲料用ボトルに用いられている。

(10)　メタノールは、医療用や食品製造用のアルコールの主成分である。

第2問　次の文章を読み、以下の問い（問1～3）に答えなさい。

原子には、原子番号が同じであっても（　ア　）の数が異なるため、質量数が異なるものがある。これらの原子を互いに（　イ　）という。（　イ　）は、原子核に存在する（　ウ　）の数が同じであり、また、これらの原子の化学的性質はほとんど同じである。①（　イ　）は多くの元素に存在し、各元素の（　イ　）の天然存在比はほぼ一定である。

（　イ　）の中には、原子核が不安定で自然に（　エ　）を放出して、別の原子核に壊変するものがある。このような（　イ　）を（　オ　）といい、（　エ　）を出す性質を（　カ　）という。また、②（　オ　）が壊変によって半分の量になる時間を（　キ　）という。

問1　文中の（　ア　）～（　キ　）に当てはまる適切な語句を答えなさい。

問2　下線部①について、地球上に（　イ　）が存在しない元素を下の［元素］からすべて選び、元素記号で答えなさい。

［元素］　水素、炭素、酸素、.フッ素、ナトリウム、アルミニウム、塩素

問3　下線部②の性質を利用して、物質の年代推定に応用されているが、最も利用されている（　オ　）について、その元素記号に質量数と原子番号を入れて答えなさい。

第３問　次の文章を読み、以下の問い（問１～７）に答えなさい。

「まぜるな危険　酸性タイプ」の洗浄剤には約 10％の塩化水素が含まれることが分かっている。この洗浄剤に含まれる塩化水素の濃度を正確に求めるため、この洗浄剤を正確に 20 倍に希釈して試料とし、0.100mol/L の水酸化ナトリウム水溶液で中和滴定することにした。

問１　塩化水素の分子量を小数点第１位まで答えなさい。

問２　化学試薬として入手できる水酸化ナトリウム（試薬特級）の形状は、以下のどれが最も近いと考えられるか、ａ～ｃの記号で答えなさい。

ａ．粉末状

ｂ．粒状

ｃ．結晶状

問３　0.100mol/L の水酸化ナトリウム水溶液 100mL を調整するため、用いる器具を準備することになった。水酸化ナトリウムを取る薬さじや薬包紙、ビーカー、かくはん棒の他に、以下の中で、最も適切と思われる必要最小限の器具をすべて選び、ａ～ｇの記号で答えなさい。

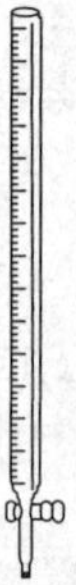

a.　ビュレット

b.　ホールピペット

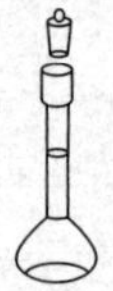

c.　メスフラスコ

d.　ペトリ皿

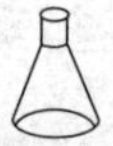

e.　三角フラスコ

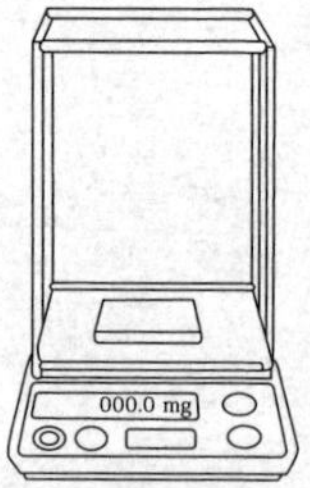

f.　電子天秤
（最小目盛 0.1mg）

g.　キッチンスケール
（最小目盛 1g）

問４　水酸化ナトリウムの式量を小数点第１位まで答えなさい。

問５　0.100mol/L の水酸化ナトリウム水溶液 100mL を調整するために必要な水酸化ナトリウムの質量を有効数字３桁で答えなさい。ただし解答欄には必ず単位も記述すること。

問６　試料 10.0mL を中和するために、0.100mol/L の水酸化ナトリウム水溶液が 14.0mL 必要であった。この時、試料に含まれる塩化水素の濃度（mol/L）を、有効数字３桁で答えなさい。

問７　この洗浄剤に含まれる塩化水素の正確な濃度（%）を、有効数字３桁で答えなさい。ただし、この洗浄剤の密度は 1.00g/㎤とする。

第４問　Ag^{+}、Cu^{2+}、Fe^{3+}、K^{+}、Zn^{2+} の金属イオンを含む水溶液を、次の手順に従って系統分析した。以下の問い（問１～７）に答えなさい。

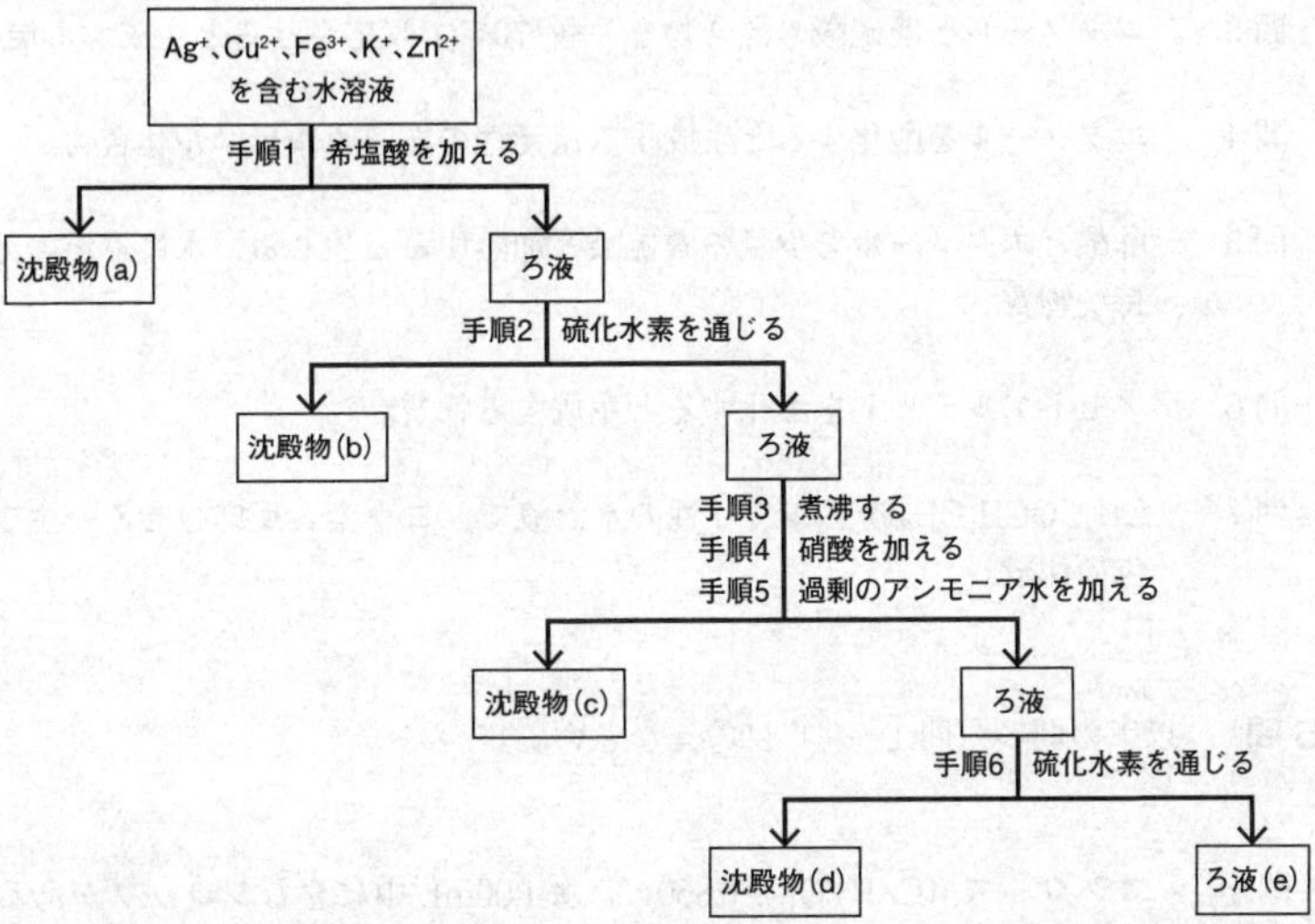

問１　手順１の結果生じる沈殿物（a）を、化学式で答えなさい。

問２　手順２の結果生じる沈殿物（b）を、化学式で答えなさい。

問３　手順３で煮沸した理由を、簡潔に答えなさい。

問４　手順４で硝酸を加えた理由を、簡潔に答えなさい。

問５　手順５の結果生じる沈殿物（c）を、化学式で答えなさい。

問６　手順６の結果生じる沈殿物（d）を、化学式で答えなさい。

問７　最終的に得られた、ろ液（e）に炎色反応を行うと何色を呈するか、最も適切な色を以下の［語群］より選び答えなさい。

［語群］紅色、赤色、橙色、黄色、緑色、青色、赤紫色、黒紫色

第５問　以下の問い（問１～7）の反応にあてはまる物質の名称と示性式を答えなさい。

問1　還元すると 2-プロパノールを生成するケトン。

問2　濃硫酸と穏やかな条件で加熱すると、ジエチルエーテルを生じる物質。

問3　エタノールと濃硫酸の混合物を、約 170℃で反応させると生成する炭化水素。

問4　エタノールを酸化すると生成する還元性のあるカルボニル化合物。

問5　酢酸とエタノールを少量の濃硫酸と加熱すると生じる、水に不溶の芳香臭を持つ物質。

問6　アセトアルデヒドを酸化すると生成する物質。

問7　$CH_3COCH_2CH_3$ をアルカリ性の水溶液で、ヨウ素と反応させると生成する黄色の沈殿。

第６問　以下の問い（問１～4）に答えなさい。

問1　スクロース（$C_{12}H_{22}O_{11}$）0.850g を水 1.00mL 中に含むシロップがある。このシロップ中のスクロースのモル濃度（mol/L）を答えなさい。

問2　問１のシロップの密度は $1.32 g/cm^3$ である。このシロップ中のスクロースの質量パーセント濃度（%）を答えなさい。

問3　このシロップに、スクロース濃度 50.0% のフレーバー入りシロップを等量混合した。この混合シロップ中のスクロースの質量パーセント濃度（%）を答えなさい。

問4　カップにお湯 200g と問３で混合したシロップを 40.0g 混ぜた。このカップの中のスクロースの質量パーセント濃度（%）を答えなさい。

生物

（60分）

第1問　以下の問い（問1～6）に答えなさい。

問1　光学顕微鏡を使ってプレパラートを検鏡する際の手順について、(ア)～(キ)を最も適切な順に並べ、記号で答えなさい。

（ア）接眼レンズをのぞきながら調節ねじを回し、対物レンズをプレパラートからゆっくりと遠ざけ、ピントを合わせる。
（イ）接眼レンズを取り付ける。
（ウ）真横から対物レンズをのぞきながら、調節ねじをまわして、対物レンズの先端をプレパラートに近づける。
（エ）顕微鏡を、直射日光の当たらない明るく水平な場所に置く。
（オ）対物レンズを取り付ける。
（カ）接眼レンズをのぞきながら視野が均一な明るさになるように、反射鏡を調節する。
（キ）プレパラートをステージの上に置き、クリップでとめる。

問2　対物レンズを変えて、顕微鏡の倍率をこれまでの10倍に拡大すると、視野の中に見える観察対象の面積は何分の1となるか。分数の形で答えなさい。

問3　顕微鏡下での観察対象の大きさの測定に、ミクロメーターを用いた。対物ミクロメーターは1目盛りが10 μmであった。対物ミクロメーターと接眼ミクロメーターの目盛りが一致した2点間の目盛りの数を読み取ったところ、対物ミクロメーターの目盛りの数が25、接眼ミクロメーターの目盛りの数が10であった。接眼ミクロメーターの1目盛りの長さは何μmか、答えなさい。

問4　問3の状態から、対物レンズを変えて、倍率をこれまでの10倍に拡大した。対物ミクロメーターの目盛りの数が5のとき、接眼ミクロメーターの目盛りの数はいくつか答えなさい。

問5　問4の倍率で、ある生物の細胞を試料とし、ステージにのせて観察したところ、図1のように見えた。楕円形に見える細胞の径のうち、長い方の長さは何μmか答えなさい。

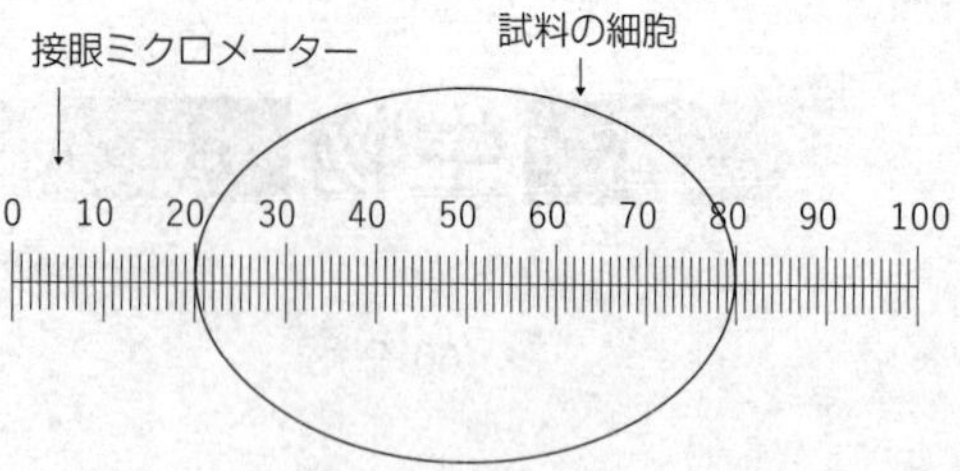

図1

問6　ある光学顕微鏡の分解能が約0.2 μ mであるとき、分解能より小さいためにこの光学顕微鏡での観察に適さないものを次の①～⑥から全て選んで数字で答えなさい。なお、分解能とは、接近した2点を2点として見分けることができる最小の間隔のことをいう。

① ゾウリムシ　② ヒトの卵　③ インフルエンザウイルス
④ ミドリムシ　⑤ 原子　⑥ ヒトの赤血球

第2問　次の文章を読み、以下の問い（問1）に答えなさい。

動脈・静脈・毛細血管には、それぞれ特徴的な構造がある。動脈は心臓から送り出された血液がもつ高い血圧に耐えられるように（　a　）層が発達した丈夫な構造をしている。一方、静脈は血流の持つ血圧が低く逆流が起こりやすいため、これを防ぐための（　b　）がある。また、毛細血管は1層の薄い（　c　）細胞からなる。毛細血管では血管内を流れる血しょうが組織の細胞間へと移動でき、また、組織の細胞を取り巻く組織液が血管内へと移動することもできる。毛細血管は血管壁が薄く、外傷などによって破損しやすい。からだには、破損した血管からの出血を防ぐために、血液が（　d　）するしくみがある。血管が傷つくと、その部分に（　e　）が集まる。次に（　f　）というタンパク質が集まった繊維が生成され、赤血球などの血球がからめとられて（　g　）ができる。この一連の過程を血液（　d　）とよび、（　g　）ができることによって出血が止まる。血液（　d　）は、採取した血液を静置した場合にも見られるが、その場合、血液は（　h　）と（　g　）に分離できる。外傷などによる血管の傷は（　g　）によって止血されている間に修復される。また、血管の修復とともに、（　f　）を分解して（　g　）などを溶かす（　i　）（（　f　）溶解）というしくみが働き、傷をふさいでいた（　g　）が溶けて取り除かれる。このように（　d　）と（　i　）という相反するしくみが働くことによって、血管系が守られ、体液が効率よく循環し体内環境が維持されている。（　g　）は外傷などによる血管の損傷だけではなく、例えば、コレステロールなどが血管内にたまり、血管内壁の細胞が傷ついた場合にも生じる。通常、こうした（　g　）も（　i　）によって取り除かれるが、(i)がうまく働かずそのままになっていると、血管が詰まり、血液が正常に循環しなくなることにより、組織に十分な(j)や栄養が供給されず壊死が起こる。これが梗塞《こうそく》である。

問1　文章中の(a)～(j)にあてはまる最も適切な語句をそれぞれ答えなさい。

第3問　次の文章を読み、以下の問い(問1～4)に答えなさい。

生命活動を維持するエネルギーには[1]という物質が関わっている。この物質に含まれる3つの[2]について、それらの間の結合に化学エネルギーが蓄えられ、1つの[2]が切り離されるときにエネルギーが放出される。[1]から1つの[2]が切り離された物質を[3]とよぶ。このような性質をもつため、[1]の[2]と[2]の間の結合は[4]とよばれる。この化学エネルギーは太陽から放射される光エネルギーが、植物などが行う[5]によって変換されたものである。[5]は植物では(i)細胞小器官の一つである[6]で行われる。植物の葉が緑色に見えるのは、[6]に含まれ[5]に関わる色素が太陽光に含まれる緑色光を[A]からである。

植物などの[5]によりつくられた有機物に蓄えられたエネルギーを、[1]の化学エネルギーの形で取り出す一連の化学反応が[7]である。私たちは他の生物を食べ、[7]によって生命を維持するエネルギーを得ている。植物や動物の細胞では細胞小器官の一つである[8]で、有機物をもとに、体外から取り込んだ[9]を使って細胞[7]が行われる。私たちは毎日たくさんの植物を食べて栄養素を体内に取り込んでいるが、植物細胞の一番外側を囲っている[10]の主成分であるセルロースを分解する(ii)消化酵素を分泌できない。一方、ウシなど草食動物やシロアリなどの腸内に多く生息する微生物にはセルロースを糖などに分解するものがいて、次世代のバイオマス資源利用のために注目されている。

問1　文章中の空欄[1]～[10]に入る最も適切な語句を答えなさい。

問2　文章中の空欄[A]に入る最も適切な文を次の①～④から一つ選び、番号で答えなさい。

① よく吸収して反射する
② よく吸収して透過する
③ ほとんど吸収せず反射する
④ ほとんど吸収せず透過する

問3　文章中の下線部(i)の細胞小器官のうち、文章中の[6]と[8]は真核生物に取り込まれた原核生物が起源であると考えられている。この仮説を何というか、答えなさい。

また、この仮説が正しい場合、[6]と[8]のうち、先に真核生物に取り込まれたと考えられる細胞小器官の名称を答えなさい。

問4　文章中の下線部(ⅱ)の消化酵素は、生体内の化学反応である代謝を促進する酵素の一種であるが、二酸化マンガンが過酸化水素水の分解反応を促進するのと同じように、一連の化学反応で酵素自体は変化しない。二酸化マンガンや酵素のような働きをする物質を一般に何というか、答えなさい。

第4問　以下の問い（問1～6）に答えなさい。

問1　ウニの発生で16細胞期以降の過程(a)～(e)を、正しい順序に並べて、記号で答えなさい。

(a) 胞胚期
(b) プルテウス幼生期
(c) 原腸胚期
(d) プリズム幼生期
(e) 桑実胚期

〔解答欄〕
16細胞期→　　→　　→　　→　　→　　→成体

問2　ウニの発生で第四卵割の後、胚を構成する大きさの異なる①～③について、割球の数をそれぞれ答えなさい。

① 大割球　② 中割球　③ 小割球

問3　ウニの発生で胞胚期の陥入が見られる前に、植物極側から胚の内部に遊離する細胞の名称を答えなさい。

問4　ウニの発生で桑実胚期に見られる胚の内部の空所の名称を答えなさい。

問5　ウニの発生過程の記述について、適切な文を次の①～⑥から全て選び、番号で答えなさい。

① ウニの卵は端黄卵である。
② 卵割は初め、内部で核分裂が進み卵表に達すると仕切りができ細胞層ができる。
③ 原腸胚後期では、3種類の胚葉が存在する。
④ 原口は、将来の口になる。
⑤ 孵《ふ》化《か》直前の胞胚は、1層の細胞からなる。
⑥ ウニの卵には胚膜が形成される。

問6　体細胞分裂と卵割の違いを、句読点を含め80字以内で説明しなさい。ただし、「娘細胞」と「大きさ」という2つの語句を両方とも説明に使用すること。

第5問　次の文章を読み、以下の問い（問1～4）に答えなさい。

ヒトが持つ約（　ア　）個の遺伝子は（　a　）組の染色体の特定の遺伝子座に存在する。それらの遺伝子の中で、性決定に関係する遺伝子の遺伝子座はY染色体にある。一方、X染色体には性決定に関係しない遺伝子の遺伝子座が存在し、ヒトのさまざまな形質の遺伝に関わっている。

(A)　Y染色体は、ほとんどの哺乳類の共通祖先において、2～3億年前に出現したと考えられている。その当時、オスとメスはすでに存在していたが、それらの性は遺伝学的要因でなく、温度のような環境要因によって決定されていたと推測されている。しかし、性別の決定に重要な役割を果たす遺伝子である*SRY*遺伝子が、*SOX 3*という関連遺伝子から進化したことで、環境要因ではなく*SRY*遺伝子がオスの性決定を行うように進化し、*SRY*遺伝子が存在する染色体はY染色体となり、*SRY*遺伝子の元となった*SOX 3*遺伝子が存在する染色体はX染色体となったという仮説が提唱されている。多くの哺乳類では、Y染色体の短腕部分の末端に*SRY*遺伝子の遺伝子座が存在する。*SRY*遺伝子は、発生中の個体において、生殖腺の体細胞を精巣に（　b　）させる働きを持つ。（　b　）した精巣からは男性ホルモンが分泌されてオスへの（　b　）が始まる。一方、*SRY*遺伝子が働かなければ生殖腺の体細胞は卵巣に（　b　）し、個体はメスになる。そのため、Y染色体をもつ個体でも、【　I　】場合などではオスへの（　b　）は起こらない。さらに、精巣に（　b　）した後の精子形成には、Y染色体の長腕に存在し、Y染色体全体から見るとほぼ中央付近に存在する無精子症因子（*Azoospermia factor; AZF*）領域の遺伝子群が正常に機能することが重要であるとわかってきた。

(B)　減数分裂は、第一分裂と第二分裂とよばれる2回の分裂からなるが、第一分裂の（　c　）には、DNAが複製されてできた2本の染色体はくっついたまま離れずにそれぞれが凝縮して太く短いひも状の染色体となる。対となる相同染色体は、相同染色体どうしが平行に並んで対合し、（　d　）が形成される。このとき、（　d　）を構成する相同染色体の間で交さが起こって、染色体の一部が交換される（　e　）が起こる場合がある。染色体の交さが起こっている部位を（　f　）とよぶ。これにより、同一染色体に乗っている遺伝子の組み合わせが変化し、より多くの種類の配偶子を作り出すことが可能となり、子孫の遺伝的な（　g　）が増すと考えられる。常染色体と同様に、*SRY*遺伝子が*SOX 3*遺伝子から生じた頃は、X染色体とY染色体もそれぞれのさまざまな部位で世代ごとに（　e　）を起こしていたと考えられている。しかしながら、Y染色体は、次第に短くなり、何百もの遺伝子とともにX染色体と（　e　）を行う能力の大部分を失い、*AZF* 領域に隣接するあたりからY染色体長腕の末端付近にかけては、遺伝子砂漠とよばれる遺伝子がほとんどない領域が存在する。現在では、Y染色体はその両端部分だけがX染色体との（　e　）が可能であると考えられており、(1)*SRY* 遺伝子はY染色体の短腕部分の末端に存在することから、X染色体との（　e　）により、X染色体に移る場合がある。

問1　文章中の（　ア　）にあてはまる最も適切な数値を次の（ i ）～（ iv ）の中から選び、記号で答えなさい。

（ i ）2,000　　（ ii ）20,000　　（ iii ）200,000　　（ iv ）2,000,000

問2　文章中の（　a　）～（　g　）にあてはまる最も適切な語句または数値を、それぞれ答えなさい。

問3　文章中の【　I　】にあてはまる最も適切な言葉を15字以内で答えなさい。

問4　下線部(1)について、文章中の（　e　）により、オスの精子形成過程において、*SRY* 遺伝子がX染色体に移り、かつ *AZF* 領域の遺伝子はX染色体に移らなかったと仮定した場合、生まれてくるXXの子は、どのような形質を示すと考えられるか、理由とともに、句読点を含め40字以上50字以内で述べなさい。なお、メスの配偶子である卵のX染色体には、*SRY* 遺伝子も *AZF* 遺伝子も、いずれも存在しないものとし、「*SRY* 遺伝子と *AZF* 遺伝子」以外の遺伝子の影響については考慮しないこと。

第6問　次の文章を読み、以下の問い（問 1 ～ 5）に答えなさい。

レジ袋などプラスチック製品は[A]である石油を原料としている。プラスチック製品の利用は、地中に埋蔵されていた炭素を地表にもたらすことで、生態系内での炭素の循環量を増加させる働きがある。プラスチック製品のほとんどはリサイクル等の再利用がされず、焼却処分されたり、埋め立てられたりしている。また路上などに放棄、放置されたり、風で飛ばされたりしたプラスチック製品が河川から海に流入し、マイクロプラスチックとなって、これを(i)プランクトンが摂取し、そのプランクトンを魚類が摂取することにより、私たちの食卓にまで循環していることが近年話題になっている。

化石燃料の燃焼により放出される二酸化炭素に加え、窒素酸化物も(ii)地球温暖化に関わる気体である。窒素の利用に関しては、大気中の窒素（N_2）は安定した気体であるが、(iii)窒素固定細菌はこれを生体内に取り込んで有機物を合成することができる。一方で、20 世紀初頭に工業的に窒素を固定する方法が開発されてから 1 世紀を経て、化学肥料として大量に利用されるなどして、生態系を循環する人間活動由来の窒素化合物の割合が増加している。

問 1　文章中の[A]には、石油や石炭、天然ガスを総称する語句が入る。最も適切な語句を答えなさい。

問 2　文章中の下線部 (i) について食物連鎖を通じて環境汚染物質の生物個体中の濃度が大きくなる現象を何というか、答えなさい。

問 3　文章中の下線部 (ii) について、地球温暖化の原因と考えられる二酸化炭素、メタン、フロン等の気体を総称する適切な語句を答えなさい。

問 4　文章中の下線部 (iii) の窒素固定細菌について述べた次の①～⑤の文の内容が正しいものには「○」を、誤りを含むものには「×」を解答欄に記しなさい。

① マメ科植物の根に共生する根粒菌は窒素固定細菌なので、ダイズは栄養分がすくないやせた土地で育てることができる。

② マメ科以外にも根粒菌と共生する植物があり、たとえばオオバヤシャブシは火山噴火による溶岩に覆われた伊豆大島や三宅島の植生の遷移では木本植物として早い時期に進入してきた。

③ 初春の田畑で咲いているレンゲソウ（ゲンゲ）はマメ科植物ではないが根粒菌が共生しているため田畑に鋤《す》き込んで窒素分の肥料として利用する。

④ 窒素固定細菌は大気中の窒素から硝酸イオン（NO_3^-）を合成して共生する植物に与えている。

⑤ 土壌中の窒素固定細菌は硝酸イオンや亜硝酸イオン（NO_2^-）のほとんどを窒素（N_2）に変えて大気中に戻す「脱窒」の働きをもつ。

問5 生態系内の物質循環などについて述べた次の①～⑤の文の内容が正しいものには「○」を、誤りを含むものには「×」を解答欄に記しなさい。

① 森林生態系は草原生態系に比べて、生息する生物種数が多いため、複雑な食物網の中を炭素が循環している。
② 湖沼生態系は水深が深くなるほど光合成に必要な光量及び呼吸に必要な酸素が減少するため、それぞれの深さでそれぞれの環境に適応した生物が生活している。
③ 植物を食べるシカの個体数が増加すると、森林生態系で光合成によって生産される有機物の総量である総生産量が増加する。
④ 栄養段階ごとの個体数を積み重ねると、生産者が最も多く、一次消費者、二次消費者の順に少なくなり、必ずピラミッド型になることから、これを生態ピラミッド（個体数ピラミッド）とよぶ。
⑤ 海洋生態系では海水に溶け込んだ二酸化炭素が貝類の殻やサンゴの骨格の材料である炭酸カルシウムに変わり、炭素が固定される。

② 風変わりで人の意表を突くような
③ すぐれて他と違って、感心な
④ きれいで、特別な

(2) 資源・ゴミの出し方について地域住民のコンセンサスを得る。

① 多数決による意見
② 複数の人による合意
③ 説明責任
④ 法令遵守

問3 「薫陶」の意味として最も適当なものを①～④のうちから一つ選んで、番号で答えなさい。

① 物事の移り変わりを象徴していて、その人に深く感動を与えること。
② 人や作品に対して褒めたたえること。
③ 人の心や感情の繊細な動きのこと。
④ 自己の徳で他人を感化すること。

①〜⑤のうちから一つ選んで、番号で答えなさい。

①『都会の憂鬱』　②『城のある町にて』　③『様々なる意匠』　④『古都』　⑤『内部生命論』

【四】次の問1〜問3の各問いに答えなさい。

問1　次の①〜④の四字熟語の□部分に当てはまる漢字一字を書きなさい（楷書で書くこと）。

①　□和雷同しない、自分の信念を持つべきである。

②　会議は白熱し、丁々□止な議論があった。

③　衆人□視の中で起こった出来事である。

④　かなわぬ相手に遮二□二、挑んだ。

問2　次の⑴・⑵の傍線部の言葉の意味として最も適当なものをそれぞれ①〜④のうちから一つ選んで、番号で答えなさい。

⑴　最近には珍しく、彼は奇特な人だ。

①　奇妙で不思議な

② 味の世界では、どのような境地も分っていなくてはならない。不断の精力的注意があってこそ、道は進む。

③ 味の美を礼賛するには、自分の鑑賞力が味より高ければ、美の全部を味わうことはできないから、道は果てしない。

④ 味の通人になるためには、新発見の味感を味わい、富者と材料との二者だけの世界で三昧の境地を極めるように進む。

【三】次の問1・問2の各問いに答えなさい。

問1　次の文章の空欄［ i ］・［ ii ］に当てはまるものを後の①～⑥のうちからそれぞれ一つ選んで、番号で答えなさい。

［ i ］は、斎藤茂吉の次男で医学部に進学した。斎藤家を描く［ ii ］を執筆している。

① 『楡家の人々』　② 『阿部一族』　③ 『美しい村』　④ 北杜夫　⑤ 西東三鬼　⑥ 遠藤周作

問2　ノーベル文学賞を日本人として初めて受賞した川端康成は、鎌倉に住んでいた。川端康成の作品を次の

① 相手に美味で有名な食であることを知らせ、先入観で納得させる。
② 相手に有名な料理の美味不美味を味わわせ、真似た料理のどこが不美味かを即座に判断させる。
③ 相手に郷土料理のみが最も美味であることを本能的に自覚させる。
④ 食味評論家の言い草に合うような食の産地を相手に知らせずにかえって意識させる。

問8　傍線部J「自分が尺度」の説明として、最も適当なものを次の①～④のうちから一つ選んで、番号で答えなさい。

① 相手の教養にかかわらず、最大限まで自分の味覚の基準を高めること。
② 自分の力が相手より上になることで、自分の基準を低めてしまうこと。
③ 相手の実力が低いと、自分の基準が以前より高められて力がつくこと。
④ 自分の実力の程度が、表現できる味の基準になること。

問9　傍線部K「味を身につける」ためにはどうしたらよいと著者は言っているのか。本文中の言葉を使って自分で文章を作成し、二十五字以上三十字以内で書きなさい。

問10　この文章の内容と合致するものを次の①～④のうちから一つ選んで、番号で答えなさい。

① 味の頂上に達することを可能にするためには、広い道を通り抜けて、非常に狭くなった微妙なものを求めてただただ前進する。

の中の季節の組み合わせとして最も適当なものを次の①～④のうちから一つ選んで、番号で答えなさい。

① 自然薯（春）—枝豆（夏）—大根（冬）
② 自然薯（春）—枝豆（秋）—大根（秋）
③ 自然薯（秋）—枝豆（夏）—大根（秋）
④ 自然薯（秋）—枝豆（秋）—大根（冬）

問5　傍線部E「問わ」の品詞、活用形を答えなさい。

問6　傍線部F「その人なりの嗜好を尊重すること」の説明として、最も適当なものを次の①～④のうちから一つ選んで、番号で答えなさい。

① 料理人自身の嗜好を優先し、相手の年齢、境遇を考慮せずに献立を準備すること。
② 誠実と親切心から相手の嗜好を尊重した山海の美味で、空腹にならないようにするのを第一とすること。
③ 相手の嗜好を考慮に入れ、よろこんで食べるように合理的に処理すること。
④ 病人料理は、好き嫌いの嗜好よりも病人である相手の滋養を尊重し、色彩を考慮すること。

問7　傍線部H「なんらかの手をもって得心させる」の説明として、最も適当なものを次の①～④のうちから一つ選んで、番号で答えなさい。

② まばたきが二回できない。
③ 次のことばが出ない。
④ 二度と後継者になれない。

G 「半可通」
① ものごとをよく知らないのに、知っているふりをする人。
② ものごとの半分は知っているが、半分は知らないふりをする人。
③ 相手から受けた恩を全部返すことができず、半分返す人。
④ 相手から受けた恩を半分しか覚えていない人。

問3 傍線部B「表現に教養がなさすぎる」の理由として、最も適当なものを次の①〜④のうちから一つ選んで、番号で答えなさい。
① 真に味を解し、心の楽しみとしていて寡黙であるから。
② 味に興味を持たず、美食に精通していないから。
③ 相手が美食通であるような人の場合は、その人が料理を経験しないと悟らないから。
④ どんな料理であっても自分なりに、こうと決めてゆずらないから。

問4 傍線部C「自然薯」、傍線部D「枝豆」、傍線部I「大根」は、俳句の季語にも使われている。俳句の季語と（ ）

注2　薬食い……滋養のために食べること。薬用のために食べること。
注3　自然薯……山の芋。
注4　能書……効能書き。
注5　気焔……気炎。話しぶりなどにあらわれる、さかんな勢い。
注6　かくの如く……このように。
注7　宛てがい扶持……この場合、板前側の考えだけで一方的に与えること。

問1　空欄［ア］～［ウ］に入る言葉の組み合わせとして最も適当なものを次の①～④のうちから一つ選んで、番号で答えなさい。

①　アすると　イつまり　ウさて
②　アそして　イおよび　ウでは
③　アそれから　イつまり　ウすると
④　アさて　イすると　ウおよび

問2　傍線部A「二の句が継げず」、傍線部G「半可通」の説明として最も適当なものを次の①～④のうちからそれぞれ一つ選んで、番号で答えなさい。

A　「二の句が継げず」
①　以前と同じ失敗をする。

のがふつうで、価格が支配することも否めない。

結局、味を覚えることも、美術の鑑賞力を養うのと同じで、その先その先と、ものの深奥を極める努力によって向上するものらしい。

最後に、相手が美食の通であるような人に無理を言われた場合は、その人には自分で自分の料理をつくってみなさいと言うことだ。なにか悟るところがあろう。

富士山には頂上があるが、味や美の道には頂上というようなものはまずあるまい。仮りにあったとしても、それを極めた通人などというものがあり得るかどうか。おそらくはないだろう。

ただ世間で言うところの通人にとっては、その道が広い原を通り抜けて、非常に狭くなっている。それだけに、ある意味では不自由であると言えるが、また微妙なものが分って来て、通人でなければ味わえぬ新発見の味感がある。

しかし、世間には語るに足る相手が稀《まれ》なために、結局は当人と材料と二者だけの世界に入ってしまう。これを三昧の境地とでも言うのだろう。

ともかく、そこまで行かぬと、人を指導することはできない。いつも言うことであるが、相手をこなすというのは、こっちが上にいるからで、同等なところにいては、相手をこなすことはできない。味の世界で、どんな人の境地をも分っていなければならないからである。道は果てしない。ただただ前進あるのみである。それには不断の努力と精力が要る。敢《あ》えて努力と言わぬまでも、不断の精力的注意があってこそ、道は進むのである。

——北大路魯山人『魯山人味道』——

注1　上方……京都・大阪地方。関西。

次は味の分る人だ。味の分る人に、どうしたらものを美味く食べさせることができるか。それは少なくとも、自分に相手と同じだけの実力がなければ、不可能と言えよう。

およそ、ものを食べて味が分ると言うことも、絵を鑑賞してその美を礼賛することも、根本は同じことである。相手以上に自分に味の自信がなければ、美味く食べさせられないのは事実である。絵画の場合も同じだ。すべて J自分が尺度である。自分に五の力があれば、五だけの味は表現できるものである。

自分の実力が相手より上であれば、相手の実力が手にとるように分って、おのずと余裕が生まれてくる。絵で言うなら、自分の鑑賞力が高ければ、いかなる名画といえども、自分だけの価値を見出すことができる。しかし、絵が自分の鑑賞力より数等上であれば、その美の全部を味わうことはできない。反対に自分の力がより上であれば、こんどは相手の絵が不足になってあらゆる欠点が発見される。

注6 かくの如《ごと》く、鑑賞力なり味覚なりは、分る者には分るし、分らぬ者にはどうしても分らない。とは言うものの、先にも述べたように味の全く分らぬ者はまずなかろう。誰しもいくらか分るのであるが、ただ程度が違う。その人の教養によって、ある程度までは味覚を高めることもできるのである。

ふだん、美味いものを食っているからと言って、必ずしも味が分るとは言えない。日常美味いものを食う機会に恵まれていても、生涯味が分ることもないのは、そのよい例であろう。それは味を身につけていないからである。K味を身につけるには、客からのご馳走《ちそう》でなく、板前からの 注7 宛てがい扶持《ぶち》でなく、身銭を切って食ってみること。本気でそれを繰り返してこそ、初めて味が身につき、おのずと分って、真から得心がいくのである。

味というものは変なもので、その時々の気持で主観的に動かされ、変わってくる。味はもともとその人にとっては絶対であるべきで、事情で動かされるようでは大した食通ではない。しかし、なかなかそうはいかない。味が素直に判断できるようになるのには、まず多年の経験が必要だ。卑俗であれば、やはり、経済的な観念が伴うか成年か老年か、富者か貧者か、まず過去の生活を知ってかかるべきである。

［　ウ　］、話を前に戻して、いかに味が分らない人と言っても、まったく分らぬわけではないから、Fその人なりの嗜好を尊重することが、ものを美味く食わせる第一課である。

ところで、世の中には、自分は味覚の通人である、と自任しながら、その実、なにも分っていない人々がいる。いわゆる、G半可通に属する連中であって、こういう人々は、第一義の誠実と親切心だけでは了解できかねる、なにか賢い話を付け加えて押しつけなければ、美味いものも美味いとは言わない。

そこでこれらの手合いには、トリックを用いるのが一番よい。言わば、Hなんらかの手をもって得心させるのである。例えばここにある種のI大根がある。こんな時、正直に名もない大根ですと言わずに、これは尾張《おわり》の大根です、と言ってすすめる。すると彼は、尾張の大根は美味いという先入観があるから、これは美味いと自分だけの注4能書《のうがき》つきで美味く食うのである。というのは、この種の手合いは概していずれもお国自慢であり、自分の知っているものだけが美味いと思っている。つまり、彼らは、どこそこのてんぷらが美味いとか、いずこのうなぎ、何々のすしと、そういうふうに美味いものの言い草をたくさん持っていて、それに合うものは美味く、それに合わないものは不味いとあらかじめ決めている。物知りの物知らずという連中であるが、これでは正しい食味評論家とは言えない。そんなわけで、もともと自分の舌で正しく美味不美味を判断するのでもなく、深い経験者でもないから、人の悪い話だが、これにはどうしても、トリックを用いて、食わせるよりほかはない。これもひとつの料理法である。

料理は誠実さと親切さえあれば、と、いくら真面目に行動してみても、半可通の注5気焔《きえん》にかかっては、とんと利き目がない。しかし、彼らの腹の底を見抜いてしまえば、なんのことはない。いくらでもよろこばせることができる。

食わぬ者はひとりもないが、真に味を解し、心の楽しみとする者は少ない。そこで鈍感な者には、腹を減らせばよかろうと、奥の手で得心させる。これなら間違いはない。

だが、そう言ってしまっては話にならぬ。また、味を解する者はないと言っても、まるっきり味が分らぬということは実際にはないのだから、一応は腹を減らせと言ってみるが、そこにはだんだんと道がある。味が分らねば分らないなりに、やはり、好き嫌いがあり、嗜好《しこう》があり、まるっきり打ち捨てたものでもない。

先日、ラジオで病人料理というものを放送していた。病人料理などというものは、いわゆる注2薬《くすり》食《ぐ》いであるから、本来の意味での料理ではない。だが放送に当《あた》って、これがたいへん美味いものだから一般の人にも召し上がれる、という自画自賛の言葉が付け加えられていた。

私には異議がある。

この時の料理は、注3C自然薯《じねんじょ》をゆで、別にD枝豆もゆで、これを擂《す》り潰してまぶし、多少の味をつけたものであった。言わば、自然薯のきんとんの外皮を体裁よろしく枝豆で色どったものである。青味が足りなかったら、菜を少し加えてもよい、というようなお愛嬌《あいきょう》も加わっていたが、もちろん、どう考えたところで本格的な料理にはなっていない。それを一般の人が召し上がっても美味いと言う。（中略）

だがまあそれはともかくとして、一に病人の食事と言うが、病人にも嗜好がある。その要求する食事をどうしたら病人に害にならずに美味く食べさせるか、それが料理というもののねらいどころだ。ところが下手な料理人となると、それを知らずに、どんなものでも自分なりに、こうと決めてかかるから病人によろこばれぬ。この道理は、相手が病人たると健康人たるとをE問わない。

およそ誠実と親切心とがあるならば、その人その人の嗜好を考慮に入れて、これを合理的に処理するのでなければならない。よろこんで食べてくれぬ食物は、いかになんでも薬や栄養になるわけがない。例えば相手が幼児

【二】次の文章は、芸術家で美食家の北大路魯山人《きたおおじろさんじん》が食について執筆したものである。この文章を読んで、後の問いに答えなさい。なお、設問の関係上、文章の一部を改めている。

先日、ある雑誌記者来訪、「ものを美味《うま》く食うにはどうすればいいか」とたずねた。

世の中には、ずいぶん無造作に愚問を発する輩《やから》があるものだ。思うにこういうふうなものの聞き方をする連中は、その実、料理など心から聞きたいわけではないに決《きま》っている。お役目で人の話を聞こうとするが、もとより真から聞きたいのではない。そこで私は言下に「空腹にするのが一番だ」と答えてみた。その男は、しばしA<u>二の句が継げずにいた</u>。

また、これも似たような話であるが、ある時、一流料理人を求めた際、メンタルテストをして、君の好きなものはなにか？と、質問してみた。［ア］、ただ漠然と「さかなが好きです」と答えた。専門の一流料理職人が、こういうことでは困る。得てして料理職人にはこんなのが多い。この男は注1上方の人間だから、さかなというのはたいを指して言ったものだろう。たしかに関西のさかなは美味い。が、B<u>表現に教養がなさすぎる</u>。子どもに向かって、「坊やどこへ行くの」と聞くと、「アッチ」と答えるのと同じである。

こういう男は自分がなにが好きであるかさえ正直に言えないのみならず、実のところ、美食にまるっきり精通していないのである。好きなものが、はっきり言えないのは嘆かわしい。［イ］、味覚に対して無神経であるか、もしくは初めから味覚に対して鈍感なのだ。味の分《わか》らないものが、味に興味を持っていないのは当然であって、いくら山海の美味を与えてみたところで、仔細《しさい》には美味いとも不味《まず》いとも感じないだろう。こういう輩には腹を空《す》かせば美味いよと、答えるほかはないのである。

ところが、「人飲食せざるは莫《な》し、能《よ》く味を知るもの鮮《すくな》きなり」などと孔子が言っている通り、人と生まれてメージを覆すような事例を多く挙げて詳しく説明している。

③ 現在一般的に捉えられている絵画の分類に至る経緯を明らかにした後、「水墨画」という存在を日本がどのように受け入れていったのかについても説明している。

④ 現在一般的に捉えられている絵画の分類に至る経緯を明らかにした後、「水墨画」の位置づけが時代と場所で変化してきたことを説明している。

⑤ 唐の時代にはじまる「水墨」の技法の歴史を明らかにした後、近代以降、「水墨」の技法そのものが変化してきたことについて時系列を追って説明している。

⑥ 「水墨」という語が用いられてきた歴史とその指し示す内容について確認した後、「水墨画」という言葉が用いられはじめた経緯について説明している。

問11 次の文章は、本文の要旨をまとめたものである。本文の内容を踏まえ、空欄に当てはまる内容を二十五字以上三十字以内で書きなさい。

「水墨」は本来、技法を示すことばであったが、「水墨画」と「画」が付くことで「絵画」に限定して用いられるようになった。これによって、[二十五字以上三十字以内]から「画」が切り離され、別の文化のように語られることになったのである。

ているものを次の①～④のうちから一つ選んで、番号で答えなさい。

① 日本で伝統的に描かれてきた「水墨画」は、もともとは中国から輸入された「唐絵」であった。近代以降、「和」と「洋」の構図が明確になると、「漢」の一部であった「水墨画」はその居場所を失ったのである。

② 「水墨画」は、西洋画に対して東洋画を代表するものとなった。もともと東アジアで共有されていた文化であり、日本独自の文化ではなかったために、「日本画」としては受け入れられなかったのである。

③ 「水墨画」は伝統的な画題と画風を有しており、展示の形式も掛軸・画巻という伝統的なスタイルであった。そのため、西洋画に対抗して伝統を脱しようとしていた「日本画」の枠には入らなかったのである。

④ 「水墨画」は東洋の伝統を象徴する「唐絵」の一部であり、日本では「和」にアレンジされたものであった。しかし、近代化を模索していた日本では、西洋の著色画に近代性を求め、「水墨画」をのぞいていったのである。

問10　次のⅠ～Ⅲの構成に関する説明として最も適当なものを後の①～⑥のうちからそれぞれ一つ選んで、番号で答えなさい。

Ⅰ……[1]～[5]段落　　Ⅱ……[7]～[9]段落　　Ⅲ……[16]～[19]段落

① はじめに「水墨画」の定義について検討して「水墨画」の表現の幅広さを指摘した後、もともと用いられていた「水墨」という語の示す内容についても説明している。

② はじめに「水墨画」の定義について身近な用例からその技法を具体的に示した後、「水墨画」の難解なイ

最も適当なものを次の①～④のうちから一つ選んで、番号で答えなさい。

① 詩歌は「言語」として表現されると同時に、「書」という言語としても鑑賞されることになったということ。

② 詩歌は「文学」として鑑賞されると同時に、「書」という作者の内面も鑑賞されることになったということ。

③ 詩歌は「言語」として表現されると同時に、「書」には「画」が添えられて鑑賞されるようになったということ。

④ 詩歌は「文学」として鑑賞されると同時に、「書」という芸術としても鑑賞されるようになったということ。

問7　傍線部E「漢字も象形文字からはじまったから」とあるが、次の①～④に示すそれぞれの漢字のグループのうちで、その成り立ちが「象形文字」であるものを一つ選んで番号で答えなさい。

①上　中　下　②休　岩　鳴　③山　目　魚　④江　河　泳

問8　空欄［　エ　］・［　オ　］に当てはまる言葉として、最も適当なものを次の①～④のうちからそれぞれ一つ選んで、番号で答えなさい。

エ　①抽象的　②現実的　③空想的　④理想的

オ　①価値観　②倫理観　③言語観　④人間観

問9　傍線部F「『日本画』と重なりながらはみ出した『水墨画』」とはどのようなことか。その説明として**誤っ**

① 「水墨画」という用例が中国ではあまり用いられず、そのほとんどが日本で用いられていたこと。
② 「水墨」より「水墨画」という用例が、一八世紀までの中国では広く用いられてきたこと。
③ 「水墨」に「画」をつけた用例が、一八世紀までの中国ではあまり用いられていないこと。
④ 「水墨画」という用例自体が、一八世紀までの中国ではほとんど検索されなかったこと。

問4　空欄［ア］～［ウ］に共通して当てはまる言葉として、最も適当なものを次の①～④のうちから一つ選んで、番号で答えなさい。

①　それから　　②　しかし　　③　たとえば　　④　だから

問5　傍線部C「確固たる絵画の一ジャンル」とあるが、それはどのようなジャンルであるか。その説明として最も適当なものを次の①～④のうちから一つ選んで、番号で答えなさい。

① 筆墨を用いた技法によって一つの国や地域の精神性を表現した絵画のジャンル。
② 国や地域またはその時代の文化を代表する技法が用いられた絵画のジャンル。
③ 一つの国や地域のみで継承されている秘伝の技法が用いられた絵画のジャンル。
④ 国や地域の壁をこえた技法によって具体的な自然・人物を描く絵画のジャンル。

問6　傍線部D「詩歌は『読まれる』と同時に『見られ』『感じられる』ものとなる」とはどのようなことか。

注1　筆致……ここでは、書画の書きぶり、筆づかいのこと。
注2　流謫……罪に問われて遠方の地に流されること。
注3　巻子……書画の紙を横に長くつなぎ、末端に軸をつけて巻いたもの。巻物。段落19の「画巻」も同じく画の巻物を指す。

問1　傍線部①～⑤については、漢字は読みをひらがなで書き、傍線部(a)～(e)については、カタカナを漢字（楷書で書くこと）で書きなさい。

問2　傍線部A「『水墨画』の範囲を理屈で詰めようとすると、けっこうやっかいなのである」とあるが、ここで指摘される「『水墨画』の範囲」について、A「理屈で詰める」ことと、B「けっこうやっかいな」ことの組み合わせとして**誤っているもの**を、次の①～④のうちから一つ選んで、番号で答えなさい。

①　A　水墨画は筆と墨を使った芸術であること。　B　誰でも筆と墨を用いて絵画を描くことができること。
②　A　水墨画は墨の黒色だけを用いる表現であること。　B　墨は水を加えて色の濃淡を表現できること。
③　A　水墨画は墨を用いた絵画であること。　B　東アジアの伝統的な絵画はほぼ墨を用いていること。
④　A　水墨画は黒一色を用いる表現であること。　B　黒以外の色を用いる場合もあること。

問3　傍線部B「『四庫全書』の全文データベースを検索してみる」について、この検索によって筆者は何を明らかにしようとしているか。その内容として最も適当なものを次の①～④のうちから一つ選んで、番号で答えなさい。

ればよい。もとを辿《たど》れば奈良時代に入って来た唐代の絵画が、平安時代にこちらのテイストにアレンジされて、「和」に独特のものへと姿を変えたもの。一方の「唐絵」は中国から齎《もたら》された絵画と、それにならった日本の絵画で、「水墨」もこちらに含まれる。歴史を追えば、実はそう単純ではないのだが、ともかく「和」「漢」の構図になっていた。

⑱そこに「洋」がやってきて「漢」は居場所を失った。この傾向は今にも続き、ちょっと周囲を見回せば、残っているのは「中華料理」くらいだろうか。「やまと絵」が「日本画」になるのは自然だが、「唐絵」も「伝統派」ということで、なんとなく「日本画」のなかに入ってくる。「中国風」とはいえ、狩野派の著色画のように、しっかりと日本の伝統になっていたものはいいのだが、どうも居心地がよくなかったのが「水墨」である。その本場は当然のことながら中国で、もちろん朝鮮でもえがかれる。発祥の地では「西画」（西洋画）に対して素直に「国画」（中国画）のなかにおさまるが、東アジアで共有されていたものを「日本画」の一部といわれると違和感があり、逆に同じ理由から「西洋画」に対して「東洋画」の象徴とされることにもなった。矢代幸雄の『水墨画』も「水墨画は東洋絵画の精粋である」と語り出されている。

⑲さらに戦後になると、「日本画」は油画の重厚さに対抗して岩絵具の厚塗りへと向かい、画面も大きさを増してゆく。「強さ」と「大きさ」そしてオリジナリティが求められるなか、「水墨」は主流から外れて「日本画」とは別物という雰囲気も生まれてくる。とくに伝統的な画題と画風そして掛軸・画巻《がかん》という形式は、いわゆる「現代美術」のなかでは隅へと追いやられてゆく。こうして「唐絵」の一部をいい換え、東洋の伝統を象徴し、F「日本画」と重なりながらはみ出した「水墨画」が生まれてくるのである。「水墨画」の語は、中国や朝鮮でも使われているが、いま見たことから容易に想像できるように、近代におけるその経緯と状況はそれぞれに異なっている。

――島尾新『水墨画入門』――

ら、「詩」と「書」が一体となった姿を見せてくれる。[ウ]、北宋の大詩人・蘇軾《そしょく》（蘇東坡《そとうば》。一〇三六～一一〇一）の「黄州寒食詩巻《こうしゅうかんしょくしかん》」に人々は、政争にやぶれ流謫《るたく》(注2)の身となった詩人の思いを重ねてきた。D詩歌は「読まれる」と同時に「見られ」「感じられる」ものとなるわけだ。

14 そして中国の文人たちは画もかいた。筆の使い方は画の方が複雑だけれど、書は誰もが達者だったから、線を引くのはお手のもの。文人画の代表的な画題で、いまでも水墨の基本とされる「水墨四君子《しくんし》」――墨竹・墨梅・墨蘭・墨菊――など、ほとんど線だけでえがけるものもある。画を生業《なりわい》とするわけではないので、「墨戯《ぼくぎ》」つまり「墨で遊んでいるだけさ」と気取りつつ、のめり込んでプロの域に達する者、また後には画で飯を食う者も出てくるようになる。そして文人である以上、詩文を作れるのは当たり前。「画家」は否応《いやおう》なく「詩人」でもあった。自らはえがかなくとも、画に詩文を題するのは日常で、それらの書かれた掛軸や巻子《かんす》(注3)は数限りなく遺《のこ》されている。

15 書と画の根本は同じとする「書画同源」説は、たとえば「E漢字も象形文字からはじまったから」というような、こじつけ気味の理念に思えるかも知れないが、「筆墨の文化」のなかでは身体的な感覚でもあり、ひとつの掛軸や巻子に同時に見えるという[エ]な視覚でもあった。そのようななかで、画を「無声の詩」と呼ぶことに違和感はなく、「詩書画三絶」――詩と書と画のすべてを一人でこなすのが最高――という[オ]も生まれてくる。もちろん「詩」「書」と関わりのない「画」もあったけれど、「水墨」は「詩書画の文化」とも大きな重なりを持ってきたのである。

（中略）

16 いまの日本の絵画の世界は、「日本画」と「西洋画」（油画・油絵）との「和」「洋」の構図になっている。しかし江戸時代までは、「やまと絵」と「唐絵《からえ》」が二大分類だった。

17 「やまと絵」は伝統的な和風の絵画で、とりあえず「源氏物語絵巻」のような著色の絵巻を思い浮かべて頂けの時代に始まるという歴史観を記している。

［9］これが「水墨画」と呼ばれるようになるのは、実は近代のできごとで、［　ア　］室町時代の絵画を集めた豪華図録『東山水墨画集』が出るのが、大正の末から昭和の初めにかけて。③広汎に使われだすのは戦後で、矢代幸雄の『水墨画』の刊行が昭和四四年（一九六九）。書店に並ぶ「水墨画の描き方」やカルチャー・センターの「水墨画教室」を含めて、長い歴史のなかではごく最近のことといっていい。

［10］「画」が付くことによる効果は、「水墨」が技法というよりは、C確固たる絵画の一ジャンルのように見えてくること。「日本画」「油画」「水墨画」などと並べてみても④遜色がなくなる。それで「水墨画の定義は？」ということにもなるのだが、逆に生じた大きな問題は「水墨」が「画」に限られてしまったことである。

［11］筆と墨を使うのは、もちろん絵画だけではない。大ざっぱにいって、「近代化」以前の東アジアには、他の筆記用具は存在しなかったから、文字はもちろんのこと、図面だろうが落書きだろうが、何をかくにも筆と墨。「水墨」の基盤には、この広汎な「筆墨《ひつぼく》の文化」があった。ここが「えがくこと」に特化し、かつ基本的にプロ用だった油絵具や岩絵具とは異なるところ。「筆墨」は「かく」ことを伴う表現の基本的な手段だったのである。

［12］［　イ　］「文学」の世界でも、詩人や歌人は、自作の詩歌をまずは自らの筆で書いた。杜甫も李白も、貫之や定家もそうである。文字さらに言語は、なにかを表現して伝えるためのもので、文字や言語自体が目的なわけではない。そこが飛んでしまうと、昨今の日本での一部の英語教育のように、言語そのものが目的という、訳の分からないことになる。「書」も今の「書道」は、文字の書き方に⑤偏りがちだが、やはり自分の思いを記すもの。詩歌のレヴェルでも「筆墨」は基本的な表現手段となっていた。

［13］そのようなかで「書」自体の芸術性が認められた結果、「書かれたもの」は単なる記号ではなく、同じ肉筆でもペンや鉛筆とは異なるものとなってくる。作者本人によって書かれた詩文は、その美意識と気分を宿しなが

ることに違いはないが、「美術か?」と問われれば、なかなかそうとも言い難い。

[4]というわけで、A「水墨画」の範囲を理屈で詰めようとすると、けっこうやっかいなのである。その理由は、なんといっても「水墨」のキャパシティの大きさにある。

[5]「水墨画」は伝統的な用語のように思われているが、実はそうではない。用例がないことはないが、中国で一般的なのは「画」の付かない「水墨」で、「著色(着色)」と「白描《はくびょう》(白画《はくが》)」に対するものだった。「著色」は、文字通りきっちりと色の塗られた絵。もうひとつの「白描」は、墨の線でえがく絵で、「水墨」との関係がややこしいのだが、いずれにしても「油画・油絵」や「水彩」と同様の、基本的には技法を指すことばである。

[6]ちなみに、清代(一八世紀)に中国の書物を②網羅的に集めたB『四庫全書《しこぜんしょ》』の全文データベースを検索してみると、「水墨画」でヒットするのは八七件。「水墨」は一〇九三件で、「水墨画」との重複を(e)ノゾけば一〇〇六件ということになる。同じ文章が重出していることもあるので正確ではないが、「水墨画」の用例は圧倒的に少ない。しかも「水墨の画」と「の」を入れて読んだ方がよいものがほとんどで、「水墨画」という熟語の用例はまず見られない。「油絵具でえがかれた絵」を「油絵」というのと似たニュアンスである。

[7]その「水墨」が用いられるようになるのは、唐の時代(六一八〜九〇七)で、早い例としてよく引かれるのが、八世紀後半に活躍した詩人・劉商《りゅうしょう》の「水墨もて乍《たちま》ち成す巌下の樹(水墨で、あっという間に崖下の松をえがき出す)」という句。劉商は、当時流行していた樹石画(文字通り松などの樹と石をえがいた絵)を代表する画家でもあった。これをはじめとして、唐代の詩を集めた『全唐詩』には、一五ほどの「水墨」の用例が見られる。

[8]そして「水墨」の内容を表すとされる「水暈墨章《すいうんぼくしょう》」は、唐末五代(一〇世紀)の山水画家・荊浩《けいこう》が『筆法記《ひっぽうき》』で用いた表現。字面の意味は「水と墨の織りなす暈《ぼか》しと模様」で、滲《にじ》みも活《い》かしながら濃淡のグラデーション(階調)をつけた絵のイメージが思い浮かぶ。荊浩は、これに「我が唐代に興れり」と続けて、やはり「水墨」が唐

国語

（六〇分）

【一】次の文章は、島尾《しまお》新《あらた》『水墨画入門』の一節である。これを読んで、後の問いに答えなさい。なお、設問の関係上、文章の一部を改め、本文の段落に1～19の番号を付している。

1 さて「水墨画とはなにか?」ということになるのだが、この問いに答えるのは(a)ゾンガイに難しい。あっさりと「筆を使って墨だけでえがいた絵」といえれば簡単で、辞書類でも「彩色を①施さないで、もっぱら黒一色を用い、その色の濃淡と(b)ウルオいの調子によって描くもの」（『日本国語大辞典』）などとされている。しかし、水墨画の(c)テンラン会に行ってみると、水彩画のようなきれいな色のついた花の絵も飾られており、山水画でもまったく色がないのはむしろ少数派。木の葉や人々の衣服また遠くの山などに色が点《さ》されたものは数多い。

2 逆に、東アジアの伝統的な絵画で、墨を使わないものなどないといっていい。色あざやかな国宝の「源氏物語絵巻」（徳川美術館・五島美術館）も、光源氏の顔は墨の線でえがかれて、眉や目には実に細やかな[注1]筆致が見える。極彩色の仏画でも、如来や菩薩《ぼさつ》の「(d)リンカク線は墨」というものは珍しくない。

3 そして、筆と墨でえがくだけなら誰にでもできる。古くは法隆寺金堂の天井裏に、工人たちの落書きがあり、いまでも子供たちに自由にえがかせれば、可愛い花や両親の似顔絵などができてくる。これらも「水墨画」であ

解答編

英語

1 解答

問1．エ　問2．ア　問3．イ　問4．ウ　問5．ウ

2 解答

問1．ウ　問2．イ　問3．ア　問4．エ　問5．ウ
問6．ア　問7．エ　問8．ア　問9．イ　問10．イ

3 解答

問1．①―イ　②―ア　問2．③―ウ　④―ウ
問3．⑤―エ　⑥―ウ　問4．⑦―エ　⑧―イ
問5．⑨―イ　⑩―ウ

4 解答 ≪帰国子女が経験するカルチャー・ショック≫

問1．①―エ　②―イ　③―ア　④―エ
問2．(a)―オ　(b)―イ

5 解答 ≪オフィスを清潔にするための正しい手指の洗い方≫

問1．(1)―×　(2)―○　(3)―×　(4)―×　(5)―○
問2．①―ウ　②―イ

6 解答 ≪知能指数の正しい理解≫

問1．エ　問2．2番目―ア　4番目―オ　問3．ウ
問4．イ・エ

化学

1 解答 ≪日常生活と化学≫

(1)—× (2)—× (3)—× (4)—× (5)—○ (6)—○ (7)—× (8)—○
(9)—○ (10)—×

2 解答 ≪同位体の性質と利用≫

問1．(ア)中性子 (イ)同位体 (ウ)陽子 (エ)放射線
(オ)放射性同位体 (カ)放射能 (キ)半減期

問2．F，Na，Al

問3．$^{14}_{6}C$

3 解答 ≪中和滴定≫

問1．36.5 問2．b 問3．c・f 問4．40.0 問5．0.400〔g〕
問6．0.140〔mol/L〕 問7．10.2〔%〕

4 解答 ≪陽イオンの分離，炎色反応≫

問1．AgCl 問2．CuS 問3．硫化水素を除去するため。

問4．硫化水素により還元され生じたFe^{2+}を酸化し，Fe^{3+}にするため。

問5．$Fe(OH)_3$ 問6．ZnS 問7．赤紫色

5 解答 ≪有機化合物の推定≫

問1．名称：アセトン 示性式：CH_3COCH_3

問2．名称：エタノール 示性式：CH_3CH_2OH

問3．名称：エチレン 示性式：CH_2CH_2

問 4．名称：アセトアルデヒド　示性式：CH_3CHO

問 5．名称：酢酸エチル　示性式：$CH_3COOCH_2CH_3$

問 6．名称：酢酸　示性式：CH_3COOH

問 7．名称：ヨードホルム　示性式：CHI_3

6　解答　≪スクロース水溶液の調製と濃度計算≫

問 1．2.49〔mol/L〕　問 2．64.4〔%〕　問 3．57.2〔%〕　問 4．9.53〔%〕

生物

1　解答　≪光学顕微鏡の操作≫

問 1．(エ)→(イ)→(オ)→(カ)→(キ)→(ウ)→(ア)

問 2．$\frac{1}{100}$

問 3．25〔μm〕

問 4．20

問 5．150〔μm〕

問 6．③・⑤

2　解答　≪ヒトの体液，血液凝固≫

問 1．(a)筋肉　(b)弁　(c)内皮　(d)凝固　(e)血小板
(f)フィブリン　(g)血ぺい　(h)血清　(i)線溶　(j)酸素

3　解答　≪代謝とエネルギー，細胞内共生説≫

問 1．1．ATP　2．リン酸　3．ADP　4．高エネルギーリン酸結合
5．光合成　6．葉緑体　7．呼吸　8．ミトコンドリア　9．酸素
10．細胞壁

問 2．③

問 3．細胞内共生説（共生説），ミトコンドリア

問 4．触媒

4　解答　≪ウニの発生，卵割と体細胞分裂≫

問 1．（16 細胞期）→(e)→(a)→(c)→(d)→(b)→（成体）

問 2．①4 個　②8 個　③4 個

問 3．一次間充織（細胞）

問 4．卵割腔

問 5．③・⑤

問 6．体細胞分裂では分裂により生じた娘細胞は細胞成長してもとの大きさになるが，卵割では娘細胞は細胞成長をせずに分裂を続けるため分裂の度に小さくなる。(80 字以内)

5 解答 ≪染色体と遺伝子，減数分裂≫

問 1．(ii)

問 2．(a)23　(b)分化　(c)前期　(d)二価染色体　(e)乗換え
(f)キアズマ　(g)多様性

問 3．*SRY* 遺伝子が欠損している（15 字以内）

別解）男性ホルモンが正常に働かない

問 4．生まれる XX の子は *SRY* 遺伝子を持ち，*AZF* 遺伝子を持たない。したがって，精巣はできるが精子形成は起こらない。(40 字以上 50 字以内)

6 解答 ≪物質の循環，環境問題≫

問 1．化石燃料

問 2．生物濃縮

問 3．温室効果ガス

問 4．①―○　②―○　③―×　④―×　⑤―×

問 5．①―○　②―○　③―×　④―×　⑤―○

二

出典 北大路魯山人『魯山人味道』〈道は次第に狭し〉（中公文庫）

解答

問1 ①

問2 A—③ G—①

問3 ②

問4 ④

問5 品詞—動詞 活用形—未然形

問6 ③

問7 ①

問8 ④

問9 繰り返し、身銭を切って食べ、ものの深奥を極める努力をする。（二十五字以上三十字以内）

問10 ②

三

解答

問1 i—④ ii—①

問2 ④

四

解答

問1 ①付〔附〕 ②発 ③環 ④無

問2 (1)—③ (2)—②

問3 ④

国語

一

出典　島尾新『水墨画入門』〈第一章　水墨画とはなにか？〉（岩波新書）

解答

問1　①ほどこ　②もうら　③こうはん　④そんしょく　⑤かたよ

(a)存外　(b)潤　(c)展覧　(d)輪郭〔廓〕　(e)除

問2　②

問3　③

問4　③

問5　①

問6　④

問7　③

問8　エ―②　オ―①

問9　②

問10　Ⅰ―①　Ⅱ―⑥　Ⅲ―③

問11　詩人や歌人が自作の詩歌と絵画により、自らの思いを表現したもの（二十五字以上三十字以内）

MEMO

MEMO

MEMO

MEMO

MEMO

2020年度

問題と解答

■一般入試Ⅰ期（A日程）

問題編

▶試験科目・配点

<table>
<tr><th colspan="2">学部・学科</th><th>教　科</th><th colspan="2">科　　　目</th><th>配　点</th></tr>
<tr><td rowspan="6">家政</td><td rowspan="3">家政保健</td><td>外国語</td><td>コミュニケーション英語Ⅰ・Ⅱ，英語表現Ⅰ</td><td rowspan="3">3教科の中から2教科選択</td><td rowspan="3">200点（各100点）</td></tr>
<tr><td>理　科</td><td>「化学基礎・化学※①」，「生物基礎・生物※②」，「化学基礎・生物基礎」から1科目選択</td></tr>
<tr><td>国　語</td><td>国語総合（古文・漢文を除く）</td></tr>
<tr><td rowspan="3">管理栄養</td><td>外国語</td><td>コミュニケーション英語Ⅰ・Ⅱ，英語表現Ⅰ</td><td rowspan="2">2教科の中から1教科選択</td><td rowspan="2">100点</td></tr>
<tr><td>国　語</td><td>国語総合（古文・漢文を除く）</td></tr>
<tr><td>理　科</td><td colspan="2">「化学基礎・化学※①」，「生物基礎・生物※②」，「化学基礎・生物基礎」から1科目選択</td><td>100点</td></tr>
<tr><td colspan="2" rowspan="2">児　童</td><td>外国語</td><td colspan="2">コミュニケーション英語Ⅰ・Ⅱ，英語表現Ⅰ</td><td>100点</td></tr>
<tr><td>国　語</td><td colspan="2">国語総合（古文・漢文を除く）</td><td>100点</td></tr>
<tr><td colspan="2" rowspan="2">教　育</td><td>外国語</td><td colspan="2">コミュニケーション英語Ⅰ・Ⅱ，英語表現Ⅰ</td><td>100点</td></tr>
<tr><td>国　語</td><td colspan="2">国語総合（古文・漢文を除く）</td><td>100点</td></tr>
<tr><td colspan="2" rowspan="2">短　大</td><td>外国語</td><td>コミュニケーション英語Ⅰ・Ⅱ，英語表現Ⅰ</td><td rowspan="2">2教科の中から1教科選択</td><td rowspan="2">100点</td></tr>
<tr><td>国　語</td><td>国語総合（古文・漢文を除く）</td></tr>
</table>

▶備　考

調査書および上記の学力試験により選考される。

※①：「化学」の出題範囲は，「無機物質の性質と利用・有機化合物の性質と利用」

※②：「生物」の出題範囲は，「生物の生殖と発生・生物の環境応答」

英語

(60分)

第1問

I 次の各文のカッコ内に入る最も適切な英語をア～エの中から選び、その記号を書きなさい。

問1 Oh my dear, the bus is not coming. I'll be late for the meeting. I ( ) have left home earlier than usual.
ア. would イ. could ウ. might エ. should

問2 If all countries ( ) cashless payment, people from overseas could enjoy their shopping much more smoothly.
ア. adopted イ. was adopted ウ. has adopted エ. had been adopted

問3 No matter ( ) your friends are, I will surely welcome them.
ア. who イ. when ウ. where エ. which

問4 The students are listening to the fantasy story ( ) their eyes closed.
ア. at イ. on ウ. with エ. in

問5 ( ) win the gold medal at the next Tokyo Olympics.
ア. He is possible to イ. It is possible that he will
ウ. It is possible of him to エ. He will be possible to

II 次の各文に対する答えとして最も適切な英語をア～エの中から選び、その記号を書きなさい。

問1 When you want to settle someone's nerves, what do you say?
ア. Turn down! イ. Calm down!
ウ. Break down! エ. Go down!

問2 When you don't want your parents to bother you, what do you say?
ア. It's your responsibility. イ. You are my right arm.
ウ. Leave me alone. エ. I'm really at a loss.

問3 When you want someone to study hard, what do you say?
ア. Attention, please! イ. Feel free to praise yourself!
ウ. Don't lose your temper! エ. Concentrate on your work!

問4 When you can't follow what someone says, what do you say?
ア. It's beyond my comprehension. イ. It's all up to you.

ウ. It's none of your business. エ. It's out of the question.

問5 When a baby started his or her life as a member of a rich family, what do you say?

ア. He or she was born with a gold knife.
イ. He or she was born with a silver spoon.
ウ. He or she was born with a bronze fork.
エ. He or she was born with a white napkin.

第2問 次の各文のカッコ内に入る最も適切な英語をア～エの中から選び、その記号を書きなさい。

問1 E-mail is a very useful communication tool, but checking too many e-mail messages will (　　　).

ア. connect with people in the world イ. interfere with your daily life
ウ. protect children from danger エ. change something for the better

問2 The nonprofit organization that supports poor people gives them a place to sleep and a chance to (　　　).

ア. get off the streets イ. live in poverty
ウ. settle down on garbage エ. throw their dreams away

問3 'Standing on our own feet' means '(　　　).'

ア. getting over the difficulty イ. being positive and aggressive
ウ. getting back to the starting point エ. being independent of other people

問4 You have taken so many lessons and practiced English by talking with (　　　). I'm sure you'll be a good speaker of English in the end.

ア. less and less English people
イ. as big an audience as you want
ウ. as many American people as possible
エ. more and more intelligent people

問5 In the world, so many people are put under the control of the government. Now they try to achieve the goal of (　　　).

ア. freedom to live as they choose イ. prejudice of different cultures
ウ. discrimination against rich people エ. destruction of the equal society

問6 (　　　) his mother only speaks Spanish. As a result, she is isolated from the community in Japan.

ア. No one knows if イ. People are not sure whether
ウ. Nobody wonders why エ. The problem is that

問7 (　　　), she won the first prize in the speech contest.

ア. In spite of her great efforts イ. Thanks to her family's support
ウ. In addition to her failure エ. To make the matter worse

問8　The story is quite heartwarming because (　　).
ア. it focuses on the miserable situation
イ. it is based on a terrible accident
ウ. it tells you about a great success
エ. it is about the eternal bonds of love

問9　Many climbers lost their way at cold night in the mountain and froze to death this year. We seem to have (　　) than usual.
ア. more volcanic eruptions　　イ. no more emergency situations
ウ. more human tragedies　　エ. no more natural disasters

問10　To solve the air pollution problem, the government encouraged people to use (　　) in their daily life.
ア. cars as well as bicycles　　イ. bicycles instead of cars
ウ. not only planes but also trains　　エ. balloons rather than airships

第3問　次のカッコ①～⑩に入る最も適切な英語をア～エの中から選び、その記号を書きなさい。

問1　*Just before a party in the host's house*
Host:　Bob, this is Yasuo Ito, one of my colleagues at ABC firm.
Mr. Ito, this is Bob Jones, my old friend from England.
Mr. Jones: Hello. (　①　).
Mr. Ito:　(　①　), too. I've heard a lot about you.
Mr. Jones: I hope it's not all bad.
Mr. Ito:　(　②　).

<u>①の選択肢</u>
ア. Long time no see
イ. Happy birthday to you
ウ. Pleased to meet you
エ. So far so good
<u>②の選択肢</u>
ア. In my opinion
イ. In the world
ウ. On the contrary
エ. On your way

問2　*In an office*
A: I'm so tired. (　③　)?
B: Yes, let's. Would you like a cup of tea?
A: Yes, please.
B: (　④　)?
A: With sugar, please.

<u>③の選択肢</u>
ア. Do I need to see a doctor

イ. Shall we take a break
ウ. Will you take a photograph
エ. Would you do me a favor

④の選択肢
ア. How would you like it
イ. When will you do it
ウ. Where do you go
エ. Who cares

問3　*In a cafeteria*

A: What are your plans for the next weekend?
B: Well, (　⑤　).
A: How about going for a drive with me?
B: (　⑥　).　Where are we going?

⑤の選択肢
ア. God only knows
イ. no pain, no gain
ウ. nothing in particular
エ. not to worry

⑥の選択肢
ア. That's fine
イ. For free
ウ. Neither will do
エ. No way

問4　*Near Ofuna station*

A: Excuse me.　Am I near the concert hall?　I forgot to bring my smartphone with me today.
B: I'm sorry, but I don't have a smartphone.　Also, (　⑦　).　Oh, here comes a police man.　(　⑧　).
A: Thank you very much.

⑦の選択肢
ア. you should go across the street
イ. I'm a stranger here
ウ. I've had enough of it already
エ. you'd better leave this place now

⑧の選択肢
ア. Be careful about the manners
イ. Don't be frightened
ウ. Let me ask him
エ. Yell at him

問5　*Just before a lecture in a classroom*

A: How was the party last night?
B: Oh, (　⑨　)!

A: Good. I wish I had been able to join you.
B: (⑩)?

⑨の選択肢
ア. I had a very good time
イ. the people were awful
ウ. what a noisy party it was
エ. why don't you come again

⑩の選択肢
ア. How did it happen
イ. How do you do
ウ. When is your birthday
エ. Why didn't you come

第4問 次の対話文を読み、後の問いに答えなさい。

Carol : Your new bag looks cool.
Nozomi : Thank you. (①) I like it.
Carol : Wonderful. By the way, I've heard that you're going to travel to Hawaii next month.
Nozomi : Yes. I'm so excited! (②)
Carol : I bet. What do you want to do in Hawaii?
Nozomi : I want to enjoy sunbathing and shopping. I also want to visit many historical places.
Carol : (③) Hawaii was once an independent kingdom.
Nozomi : Sounds good! I have so many things I want to do in Hawaii, but it's a ＿＿＿＿＿ that I can take only one-week vacation.
Carol : (④) Why don't you just enjoy the one week you have?
Nozomi : OK. I'll give it a try.

問1 カッコ①〜④に入る最も適切な英語をア〜クの中から選び、その記号を書きなさい。
ア. Let's go back to Hawaii next week.
イ. Then I recommend you visit an old palace there.
ウ. I can hardly wait.
エ. I'd like to know where the famous pancake restaurant is located.
オ. That's why you know a lot about the natural history.
カ. This is a birthday present from my parents.
キ. Don't worry about that.
ク. My vacation will be over in a week.

問2 本文の内容に合うように、下線部に入る最も適切な英語をア〜エの中から選び、その記号を書きなさい。
ア. tradition　イ. pity　ウ. coincidence　エ. disease

第5問　次の①～⑦は、日本の文化や風物に関係する単語の意味を英語で説明したものです。カッコ内に入る2つの単語の組み合わせとして最も適切なものをア～シの中から選び、その記号を書きなさい。

① *Origami*: traditional (　　) of folding (　　) paper into various shapes such as animals, flowers without using scissors or glue

② *Gagaku*: classical (　　) dance and music of the Imperial Court in Japan, which is (　　) by several musical instruments

③ *Ochugen*: midsummer (　　) that Japanese people send to their personal and business acquaintances to express the feelings of (　　)

④ *Waribashi*: disposable wooden chopsticks, which can be (　　) apart with fingers and (　　) especially in public eating places

⑤ *Omikuji*: a piece of paper with a (　　) printed on it, which is usually sold at (　　) and temples throughout Japan

⑥ *Sensu*: (　　) fan made of paper on bamboo frame usually (　　) with beautiful pictures and calligraphy

⑦ *Tsukimi*: a festival where friends or family get together to enjoy (　　) the (　　) moon on August 15th

ア.	art / square	キ.	fortune / shrines
イ.	viewing / full	ク.	folding / decorated
ウ.	ceremonial / performed	ケ.	ceremony / round
エ.	greeting / depression	コ.	paper / written
オ.	split / provided	サ.	overlooking / complete
カ.	cut / eaten	シ.	gift / appreciation

第6問 次の英文を読み、後の問いに答えなさい。

In the early days of my career, I felt a little (a)uneasy at international conferences because I was often one of a handful of women participating. Men always led the discussions, and at times it was *1daunting to speak up. Sometimes it took a lot of inner strength and self-persuasion for me to raise my hand.

I attended a small meeting of international experts, from diplomats to academics—maybe thirty people were there—who had gathered to identify and discuss the *2cutting-edge issues in the field of international conflict. A middle-aged man whose organization was responsible for *3convening the meeting chaired the sessions. In the first session on the first day, he asked everyone to think about the critical issues that needed to be examined. He said that he would give everyone a chance to contribute, and then we would discuss the collected comments one by one.

I knew what I wanted to say, and waited for several other people to speak before I raised my hand. When the chair acknowledged me, I said, "I think one of the critical issues we need to look at is the role dignity plays in international relations. In fact, it's really 'indignity' that I want to discuss. My experience tells me that the way we treat one another matters, and when people feel their dignity has been violated, they will go to war, if necessary, to regain it."

The chair thanked me and proceeded to gather other comments from the audience. Then he started a discussion about each issue. When it came to my issue of dignity, he looked up from his list and said to the audience, "I think we'll *4pass on this one," and moved on to the next issue.

I was stunned. I couldn't believe my (①). I felt utterly humiliated.

I sat in my seat, unable to listen to the discussion that followed. Part of me wanted to run away, but I decided that to maintain my dignity, I had to stay seated and focus on the discussion. I had to *5grapple with this *6ambivalence for the rest of the two-day conference.

It did help that several people came up to me during a break and said that they were sorry that the chair had passed on my comment. But the damage to my dignity had been done. And the value of my participation in the conference was *7undermined.

Conflict stays alive when people do not feel acknowledged and when their voices are not heard. Humiliation creates anger and frustration, feeding the conflict, (b)if not escalating it.

The chair could have avoided humiliating me by instead asking me why I thought the issue of dignity was important. He could have *8given me the benefit of the doubt (another way to honor dignity) by assuming that I had a point that was worth discussing. Instead, he jumped to the conclusion that my idea had no value; he didn't seek to understand why I had raised the issue (another dignity violation). Had we had (②) about it, we both might have decided that the topic was too big to discuss, which would have saved me from humiliation.

(***dignity***, Donna Hicks, Yale University Press, 2011)

注） *1 daunting: 勇気を要する　*2 cutting-edge: 最前線の
*3 convene: 会を開く　*4 pass on: 通り過ぎる
*5 grapple with 〜: 〜と取り組む　*6 ambivalence: 両面価値

*7 undermine: 傷つける
*8 give ～ the benefit of the doubt: 疑わしい点を相手に有利に解釈する

問1　下線部(a)と最も意味の近い英語をア～オの中から選び、その記号を書きなさい。
ア. unhappy　イ. lonely　ウ. upset　エ. miserable　オ. uncomfortable

問2　カッコ①に入る最も適切な英語をア～オの中から選び、その記号を書きなさい。
ア. eyes　イ. nose　ウ. ears　エ. feelings　オ. heart

問3　下線部(b)の意味として最も適切なものをア～エの中から選び、その記号を書きなさい。
ア. 摩擦をエスカレートさせないまでも
イ. 怒りをエスカレートさせないまでも
ウ. 摩擦をエスカレートさせることはなく
エ. 怒りをエスカレートさせることはなく

問4　本文に述べられている内容と一致するものをア～キの中から2つ選び、その記号を書きなさい。
ア. 筆者がこの国際的な会議に出席したのは、十分なキャリアを積んだ頃であった。
イ. 筆者が会議を中座しなかったのは、自分の尊厳を守るためである。
ウ. 参加者はまったく筆者に同情を示さなかった。
エ. 議長は、筆者の提出した議案について質問をした。
オ. 議長は筆者に対して、敵意を持っていたので無視した。
カ. 筆者は、残りの会議を2日間とも欠席したくなった。
キ. 議長は、議事の進行の仕方について説明しなかった。

問5　カッコ②に入る最も適切な英語をア～エの中から選び、その記号を書きなさい。
ア. an eye contact　イ. a quarrel　ウ. an exchange　エ. a discussion

理科

◀化学基礎・化学▶

(60分)

(注意)必要があれば、次の値を使用しなさい。 原子量　H:1、C:12、N:14、O:16、Na:23、S:32、Cl:35.5、K:39、Ca:40、Mn:55、Cu:63.5

第1問　周期表の第1周期から第3周期には、それぞれ2、8、8個の元素が並んでいる。これらの元素について、以下の問い(問1～9)に元素記号で答えなさい。

問1　原子番号が7の元素を答えなさい。

問2　希ガス元素を全て答えなさい。

問3　価電子の数が4個である元素を全て答えなさい。

問4　アルカリ金属元素を全て答えなさい。

問5　1価の陰イオンになりやすい元素を全て答えなさい。

問6　第2周期にあり、2価の陰イオンになりやすい元素を答えなさい。

問7　第3周期にあり、2価の陽イオンになりやすい元素を答えなさい。

問8　集積回路や発光ダイオード、太陽電池などに利用されている元素を答えなさい。

問9　1族、2族以外にある金属元素を答えなさい。

第2問　次の問い(問 1、2)にそれぞれ有効数字 2 桁で答えなさい。

問 1　質量パーセント濃度 96.0% の濃硫酸の密度は 1.84g/cm^3 である。
次の(1)、(2)に答えなさい。

(1) この濃硫酸のモル濃度(mol/L)を答えなさい。

(2) この濃硫酸を水で希釈して 3.0mol/L の希硫酸 300mL をつくるには、何 mL の濃硫酸が必要か答えなさい。

問 2　硝酸カリウムの溶解度[g / 水 100g]は 20℃で 32、60℃で 110、80℃で 169 である。次の(1)～(3)に答えなさい。

(1) 60℃で質量パーセント濃度 20.0% の硝酸カリウム水溶液 100g には、あと何 g の硝酸カリウムを溶かすことができるか答えなさい。

(2) 60℃の硝酸カリウムの飽和水溶液 100g を 80℃まで温めると、あと何 g の硝酸カリウムを溶かすことができるか答えなさい。

(3) 60℃の硝酸カリウムの飽和水溶液 100g を 20℃まで冷却すると、何 g の硝酸カリウムの結晶が析出するか答えなさい。

第3問　下の文章を読み、以下の問い(問１～5)に答えなさい。

図のような装置を薄い水酸化ナトリウムの水溶液で満たし、それぞれ陽極を電源の正極に、陰極を電源の負極につないだ。この時、陽極では(　a　)反応が、陰極では(　b　)反応がそれぞれ起こり、それぞれ気体が発生した。

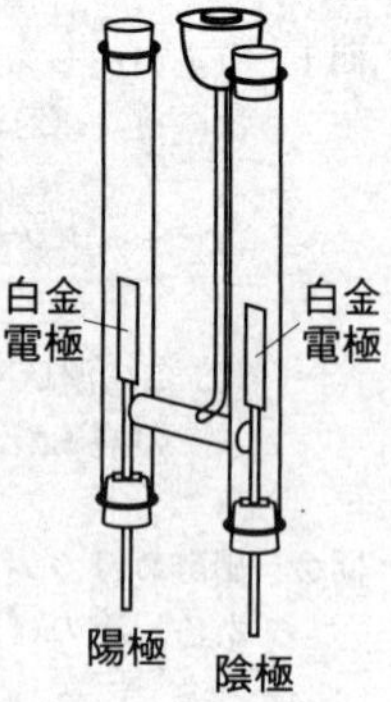

図

問１　(　a　)と(　b　)には、「酸化」か「還元」のどちらかの語句が入る。それぞれ適切と考えられる語句を答えなさい。

問２　陽極で(　a　)される物質またはイオン、陰極で(　b　)される物質またはイオンの名称を、それぞれ答えなさい。

問３　陽極で発生する気体と、陰極で発生する気体の名称を、それぞれ答えなさい。

問４　陽極で起こる反応と、陰極で起こる反応を、それぞれ電子を使ったイオン反応式で答えなさい。

問５　この反応全体の反応式を答えなさい。

第4問　下の文章を読み、以下の問い(問 1 ～ 5)に答えなさい。

銅を空気中で、1000℃以下で加熱すると①黒色の化合物を生じ、1000℃以上で加熱すると②赤色の化合物を生じる。また、③銅を熱硫酸に溶かすと硫酸銅(II)を生成する。この銅(II)イオンを含む水溶液に、水酸化ナトリウムを加えると青白色の化合物の沈殿を生じる。この青白色の化合物の沈殿を含む溶液を加熱すると、④青白色の化合物の沈殿は黒色の化合物の沈殿へと変化する。一方、この青白色の化合物の沈殿を含む溶液に過剰のアンモニア水を加えると、⑤この沈殿が溶解して深青色の溶液となる。これは中心となる銅イオンにアンモニアが⑥電子対を与えて⑦結合し⑧特異的なイオンが生じたためである。

問 1　下線①と下線②の化合物の名称と化学式を答えなさい。

問 2　下線③の反応の化学反応式を答えなさい。

問 3　下線④の反応の化学反応式を答えなさい。

問 4　下線⑤の反応で、深青色を示すイオンの化学式を答えなさい。

問 5　下線⑥の電子対を特に何電子対というか、下線⑦の結合を特に何結合というか、また、下線⑧のイオンを特に何イオンというか、それぞれ答えなさい。

第5問　化学物質の工業的な合成方法について、以下の問い(問1～7)に答えなさい。

問1　窒素と水素を、触媒を用いて加熱するとある化合物が生成する。この反応で生成する化合物は何か、物質名を答えなさい。

問2　問1の反応式を答えなさい。

問3　二酸化硫黄を、触媒を用いて酸化し、この生成物に水分子を反応させるとある化合物が生成する。この2段階の反応で生成される化合物は何か、物質名を答えなさい。

問4　問3の2段階目の反応を反応式で答えなさい。

問5　アンモニアを、触媒を用いて酸化し、この生成物を空気中でさらに酸化させる。次いで、この酸化した物質を温水に吸収させるとある化合物が生成する。この3段階の反応で生成される化合物は何か、物質名を答えなさい。

問6　問5の反応中で、空気中での酸化の反応式を答えなさい。

問7　問1、問3、問5の工業的な生成方法には名称がある。それぞれの名称を下から選んで答えなさい。

【名称】

ハーバー・ボッシュ法

オストワルト法

接触法

第6問　次の文章を読み、以下の問い(問1～4)に答えなさい。

第一級アルコールの(　a　)を酸化すると、アルデヒドであるホルムアルデヒドになる。アルデヒド基には還元性があるため、アンモニア性硝酸銀溶液と反応する。これを(　ア　)反応という。また、アルデヒドは(　イ　)液と反応して赤色沈殿を生じる。ホルムアルデヒドをさらに酸化すると(　b　)になる。(　b　)は還元性を示すカルボン酸である。

一方、第二級アルコールの2-プロパノールを酸化すると(　c　)になる。(　c　)は(　ウ　)基を持つので、水酸化ナトリウムとヨウ素を加えて温めると(　エ　)色の(　d　)が生じることにより検出できる。

問1　(　a　)～(　d　)にあてはまる最も適切な化合物名を答えなさい。

問2　(　ア　)～(　エ　)にあてはまる最も適切な語句を答えなさい。

問3　(　b　)の化合物の示性式を答えなさい。また、この化合物の化学構造と還元性の有無との関係を簡潔に説明しなさい。

問4　(　c　)の化合物の示性式を答えなさい。

◀生物基礎・生物▶

（60分）

第1問　次の文章を読み、以下の問い（問1～4）に答えなさい。

ヒトの体は三大栄養素である糖質、脂質、タンパク質で主に構成されており、これに加え、核酸も含まれている。核酸には、DNAとRNAがあり、ヒトの遺伝情報は、DNAが担っている。

遺伝子発現の過程では、DNAの遺伝情報が[　a　]されてRNAになり、RNAに引き継がれた遺伝情報がタンパク質に[　b　]される。この遺伝情報の一方向的な流れを[　c　]と呼んでいる。ヒトをはじめ真核生物の遺伝子発現は、細胞の核の中に格納されたDNAの遺伝情報が[　a　]され、[　a　]されてできたRNAが核外に移動した後、リボソームで[　b　]が行われるといった、さまざまな段階で高度な制御がなされている。遺伝子発現は、組織や細胞の種類、栄養状態、ホルモン等の分泌量などに応じて制御されている。DNAはアデニン(A)、グアニン(G)、シトシン(C)、チミン(T)という塩基をそれぞれ含む4種類のヌクレオチドで、RNAはアデニン(A)、グアニン(G)、シトシン(C)、[　d　](U)という塩基をそれぞれ含む4種類のヌクレオチドでそれぞれ構成されており、隣りあうヌクレオチドどうしが互いの糖と[　e　]の間で結合し、多数連なってヌクレオチド鎖を形成している。

DNAは、このヌクレオチド鎖が2本、向かい合って並び、内側に突き出た塩基どうしが水素結合で結合したものが全体的にねじれてらせん状になった[　f　]構造をしている。このとき、DNAの塩基対の組み合わせは、A－T、G－Cのように決まっており、DNAの一方のヌクレオチド鎖の塩基の並びが決まると、もう一方も自動的に決まる[　g　]な関係にある。このため、ヒトのDNAに含まれる全塩基のうち、Aの割合が30.1%の場合、DNAについて理想的には、Tの割合は【　i　】%、Gの割合は【　ii　】%、Cの割合は【　iii　】%、Uの割合は【　iv　】%となると考えられる。また、生物が、個体の形成、維持、生命活動を行う上で必要な最小の遺伝情報の一組みをゲノムと呼ぶ。

一方、RNAは、主に1本のヌクレオチド鎖で存在していることが多いが、DNAの遺伝情報の[　a　]の際には、DNAの塩基がAの場合はU、Tの場合はA、Gの場合はC、Cの場合はGのように、DNAとRNAの間でも塩基どうしの[　g　]な結合が起こる。さらに、このことをふまえると、RNAにおいては、一つの分子内で塩基どうしがA－U、G－Cのように互いに対になるように[　g　]に結合しうるとも考えられるが、(1)この分子内での塩基の[　g　]な結合は、マイクロRNA(miRNA)と呼ばれる特殊なRNAの前駆体や、転移RNA(tRNA)とよばれるRNAにおいて実際に観察される。

問１　文章中の[　a　]～[　g　]にあてはまる最も適切な語句を、それぞれ答えなさい。

問２　文章中の【　i　】～【　iv　】にあてはまる最も適切な数を、それぞれ答えなさい。ただし、必要に応じて小数第二位を四捨五入して、小数第一位まで答えなさい。

問３　下線部(1)に関して、「AAUGGGCAUAAAAAAUGCCCACC」というRNAが、1つの分子内で、[　g　]な結合をしたとする。このとき、[　g　]な結合に関与する塩基部分を、解答欄に記載の塩基配列に対して、実線で(のように)囲んで示しなさい。

〔解答欄〕　AAUGGGCAUAAAAAAUGCCCACC

問４　問3のような[　g　]な結合が起こった場合、問3のRNA1分子は全体的にどのような形になるか、最も近いと考えられる形を、次の①～⑥から1つ選び、番号で答えなさい。なお、灰色で塗った部分は、[　g　]な結合が起きている部分を表す。

①

②

③

④
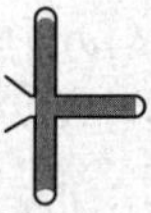

⑤
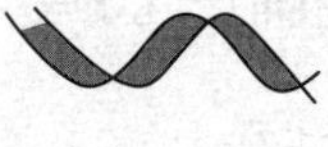

⑥
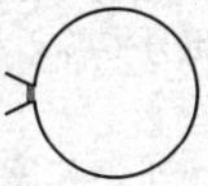

第2問　次の文章を読み、以下の問い(問1～3)に答えなさい。

病原体の侵入に対する生体防御は、生命活動を維持するために重要である。生体防御機構として、皮膚や粘液などによる防御、自然免疫、適応免疫がある。適応免疫は、さらに体液性免疫と細胞性免疫の2つに分類される。

哺乳動物では、病原体に対応する主な免疫細胞である白血球は[ア]で生成される。そのうちB細胞は[ア]で分化し、多くのB細胞はさらに[イ]に移動し成熟する。T細胞は[ウ]で成熟する。(A)自然免疫では、白血球の一部の細胞が病原体を[エ]により取りこむ。白血球の一種は、取り込んだ病原体を断片化し細胞の表面に提示したうえで、[オ]に移動し、適応免疫のきっかけをつくる。

適応免疫では、主にB細胞とT細胞が重要な役割を果たし、[オ]で活性化・増殖し病原体に対する生体防御に働く。活性化したB細胞とT細胞の一部は生き残り、[カ]となる。

問1　文章中の空欄[ア]～[カ]に入る最も適切な語句を①～⑩からそれぞれ1つずつ選び、番号で答えなさい。

① 樹状細胞　② 記憶細胞　③ ナチュラルキラー細胞
④ 胸腺　⑤ 骨髄　⑥ 脾《ひ》臓　⑦ リンパ節
⑧ 小腸　⑨ 抗原受容体　⑩ 食作用

問2　下線部(A)の自然免疫を担う白血球の中から、[エ]により異物を排除する細胞名を3つ答えなさい。

問3　細胞性免疫と体液性免疫を説明している文章を①～⑦からそれぞれすべて選び、番号で答えなさい。なお、同じ番号を複数回使用してもよい。

① ウィルスに感染している細胞に細胞死を起こさせる。
② 非特異的応答である。
③ 抗体と呼ばれるタンパク質が分泌される。
④ 樹状細胞による抗原提示が行われる。
⑤ 主に食細胞による貪食《どんしょく》や、補体による細菌などの破壊により異物を排除する。
⑥ 異物と認識された移植組織の拒絶反応に関与する。
⑦ 二度目以降の病原体の侵入では、二次応答が見られる。

第3問　次の文章を読み、以下の問い(問1～4)に答えなさい。

さまざまな植物が私たちの生活を支えている。毎日食べる野菜や果物は植物に由来し、家畜や家禽《かきん》の飼料も植物が主な原料である。植物は大気中の[1]を吸収し、(a)光合成によって有機物を合成する。この有機物は植物自体に利用され、また多くの動物にも利用される。私たちが穀類、豆類、芋類から摂取するデンプンは光合成によって合成される有機物の主たるものである。このように他の生物にエネルギー源として利用される植物を[2]生物、植物などが作った有機物をエネルギー源として利用する私たちのような生物を[3]生物という。また生態系で植物は[4]者の役割を果たすが、私たちは[5]者である。

植物細胞の中で光合成の働きを担う(b)細胞小器官は[6]である。光合成で得られた有機物を分解し、生命活動に使われるエネルギーを運ぶ物質である[7]を合成する過程が呼吸である。呼吸は細胞小器官であるミトコンドリアによって行われる。呼吸にみられる化学反応はおおよそ光合成の逆向きの反応である。そのため、私たちが吐く息には[1]が含まれている。光合成や呼吸のような生体内での化学反応を[8]と呼ぶ。[8]のほとんどにおいて、タンパク質の一種である[9]が触媒の働きを担い、反応を促進する。

人工光合成は長らく夢の科学技術であったが、近年に至り、光合成で重要な働きを担う[9]が見つかるなど、実用化に向けた基礎研究が加速している。大気中の[1]は石炭や石油などの[10]を燃焼させることで濃度が高まってきた。[1]やメタンなどは地表から放射される赤外線を吸収し、気温を上昇させることから[11]ガスと呼ばれる。増加した[1]は(c)地球温暖化の主な原因であると考えられている。そこで、人工光合成で[1]から合成した有機物を酵母菌がもつ[9]によって発酵させて作るアルコール類は再生可能な燃料として、また大気中の[1]濃度の上昇を抑えるなど、地球環境問題の対策としても期待されている。

問1　文章の空欄[1]～[11]に入る最も適切な語句を答えなさい。

問2　文章中の下線部(a)の光合成の反応の概要を示す次の化学反応式の空欄[ア]と[イ]に入る最も適切な分子名を答えなさい。なお、反応式中の[1]には文中の空欄[1]と同じ分子名が入る。

[1]　＋　[ア]　$\xrightarrow{\text{光エネルギー}}$　有機物　＋　[イ]

問3　文章中の下線部(b)の細胞小器官の一つで、紫キャベツやブルーベリーなどの細胞中にある赤色や紫色の色素を含む細胞小器官の名称を一つ答えなさい。

問4　文章中の下線部(c)に関して、森林保全が重要である理由を、現状の地球環境問題を少なくとも一つ挙げつつ、70字以内で説明しなさい。

第4問　次の文章を読み、以下の問い(問1～4)に答えなさい。

多くの動物には、長細い突起を使って信号を伝えるニューロンがある。ニューロンの軸索の膜内外の電位を測定すると、刺激を受けていないニューロンの部位では、細胞膜の外側は［ア］に、内側は［イ］に帯電している。このような電位差を［ウ］という。刺激を受けたニューロンの部位では、細胞膜内外の電位が一時的に逆転し、やがて元に戻る。この一連の電位変化を［エ］という。［ウ］と［エ］の発生は、細胞膜上の輸送タンパク質によるイオンの移動によって起こる。

刺激を受けていないニューロンの部位では、細胞膜の外側には［オ］が多く内側には［カ］が多い。これは、細胞膜にある輸送タンパク質が［オ］を細胞外に排出し、別の輸送タンパク質が［カ］を細胞内に取り込んでいるためである。刺激を受け膜電位が上昇すると、細胞膜の内側に［キ］が流入し、膜外は［ク］に帯電する。

問1　文章中の空欄［ア］～［ク］に入る最も適切な語句を①～⑨からそれぞれ1つずつ選び、番号で答えなさい。なお、同じ番号を複数回使用してもよい。

① 静止電位　② 活動電位　③ 興奮　④ 閾値
⑤ Na^+　⑥ K^+　⑦ Ca^{2+}　⑧ 正　⑨ 負

問2　下図は末梢神経の有髄神経繊維を示す。記号の部位の名称をそれぞれ答えなさい。

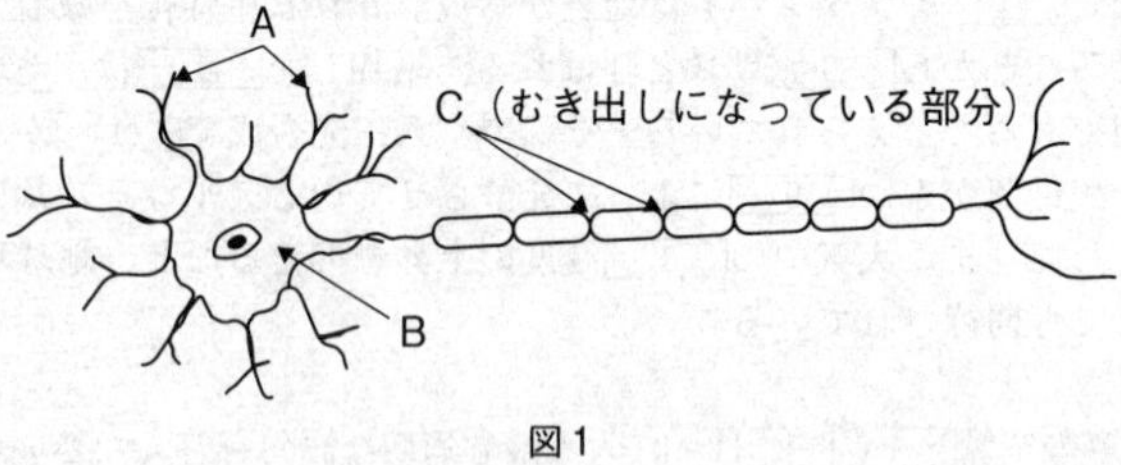

図1

問3　興奮が軸索を伝わる速度を、有髄神経繊維と無髄神経繊維で比較すると、有髄神経繊維のほうが大きい。伝わる速度が大きくなることに寄与している有髄神経繊維の伝導を何というかその名称を答えなさい。

問4　興奮の伝導と、興奮の伝達について正しく述べている文を次の①～⑥からそれぞれすべて選び、番号で答えなさい。なお、同じ番号を使用してもよい。

① 興奮が軸索を両方向に伝わっていくことである。
② ニューロン間や、ニューロンと別の細胞体に興奮が伝わることである。
③ 伝達物質のひとつとしてアセチルコリンがある。
④ 伝達物質のひとつとしてアドレナリンがある。
⑤ Ca^{2+} 濃度の上昇が伴う。
⑥ 電位依存性のイオンチャネルが関与する。

第5問　次の文章(A)、(B)を読み、以下の問い(問1〜4)に答えなさい。

(A)　動物の発生では、細胞間のシグナルの伝達などによって、胚の細胞が、発生の進行とともに分化していく。胚の分化は、発生初期には分化の方向を変更しうるが、次第に不可逆的になる。そして、形もはたらきも異なる多種類の細胞が、動物の体をかたちづくる。ガードンは、アフリカツメガエルを用いて、分化した細胞から核を取り出して、(　ア　)照射により核を不活性化した卵に移植して発生させる実験を行った。おたまじゃくしの腸の上皮細胞を分化した細胞として用い、この上皮細胞の核を取り出して核を不活性化した卵に移植した。その結果、98%程度の核移植胚が発生途中で致死となった。しかし、2%弱の核移植胚は正常なおたまじゃくしに発生した。ガードンは、核移植胚の発生が停止した原因を検証していく中で、分化した細胞の核は、発生に必要な遺伝情報を保持していると考えた。その後、おたまじゃくしの腸の上皮細胞のかわりに成体のカエルの表皮細胞から取り出した核を用いた場合にも、同様な結果が得られた。

(B)　動物の生体内には、成体幹細胞(体性幹細胞)と呼ばれる、それぞれある系列の細胞に分化する能力をもち無制限に分裂する細胞が点在している。この成体幹細胞を取り出し適切な条件で培養することで、「目的の分化細胞を作りだし失った組織を補う」といった(　イ　)医療に応用することができる。しかし、これら成体幹細胞は、それぞれ複数種類の細胞にしか分化できない。例えば、骨髄にある造血幹細胞は、(　ウ　)や(　エ　)などの血球細胞にしか分化しない。これに対して、(　オ　)から未分化な細胞を取り出して培養できるようにした(　カ　)は、理論上、生物体を構成する全ての細胞に分化させられるため注目されている。しかし、(　カ　)を得るには、まず(　オ　)を取り出す必要があるため、ヒトの(　カ　)を利用するには倫理的な問題を避けて通ることはできない。2006年に、(　キ　)は、マウスの胎児の皮膚から得た細胞に、未分化な細胞でよく発現している *Oct3/4*、*Sox2*、*Klf4*、c-*Myc* の4つの遺伝子を導入することで、分化した細胞を初期化することに成功した。この細胞が(　ク　)である。(　ク　)は、(　カ　)とは異なり(　オ　)を取り出す必要がないため、ヒトで作製する場合にも、(1)倫理的な問題が少ない。(　ク　)は、分化させて移植する場合に、移植された組織や器官は正しく働くのか、また、がん細胞になることはないのかなど、未解決の問題はあるが、(　イ　)医療に用いることが期待されている。2019年7月現在、加齢黄斑変性症やパーキンソン病など、いくつかの疾患について、(　ク　)から分化させた種々の細胞をもちいた臨床研究や臨床治験が承認されている。また、(2)(　ク　)は、(　イ　)医療以外にも、さまざまな分野に貢献すると考えられている。

問1　文章(A)と(B)中の(　ア　)〜(　ク　)にあてはまる最も適切な語句や研究者の名前を、それぞれ答えなさい。ただし、人名は、名字またはファミリーネームのみを書くこと。

問２　文章(A)の実験からわかることを110字～130字で述べなさい。ただし、「分化、発生、遺伝子発現、核」のキーワードを必ず含めること。

問３　下線部(1)に関して、あえて倫理的な問題点を挙げるとすると、どのようなことが考えられるか、30字～40字で述べなさい。ただし、「受精」というキーワードを必ず含めること。

問４　下線部(2)に関して、どのような分野に貢献すると考えられるか、５字～10字で答えなさい。

第６問　次の文章を読み、以下の問い(問１～４)に答えなさい。

ヒトの女性となる胚には、発生初期に始原生殖細胞が分化しており、これが未分化な卵巣に移動して[i]となる。[i]は卵巣内では体細胞分裂を繰り返して数を増やした後、栄養を蓄えた[ii]となる。[ii]は[iii]を行い、雌の配偶子である卵が作られる。一般的に[iii]では２回の核分裂と細胞質分裂により、１つの母細胞から４つの娘細胞が作られる。[iii]の第一分裂では相同染色体が接着して[iv]が形成される。このとき染色体間でその一部が交換される[v]が起こることがある。[v]では、染色体間で遺伝子が交換されうる。この現象を特に[vi]という。第一分裂後期には[iv]は分離され、終期には細胞質分裂によって２つの細胞に分配される。第二分裂では染色体が二分される。

ヒトの卵細胞が作られる過程では、[iii]第一分裂後に[vii]と[viii]に分かれる。[vii]からは第二分裂後に[ix]と卵がそれぞれ１つずつ作られる。ヒトの受精過程に注目すると、卵形成については、[vii]の状態でまず排卵が起こる。次に、[vii]の周囲にたくさんの精子が集まってきたところで、１つの精子の[x]に含まれるタンパク質などの働きによって[x]反応が起こり、受精に至る。その後第二分裂が起こり、卵が完成しながら、卵由来の核と精子由来の核が細胞内で合体する。受精後の細胞分裂は[xi]と呼ばれ、分裂後の細胞がほとんど成長しないため、通常の体細胞分裂よりも[xii]が短い。

問１　上の文章中の空欄[i]～[xii]に入る最も適切な語句を答えなさい。

問２　上の文章中の[iii]では相同染色体が分離して分配されることで多様な配偶子が作られる。体細胞の染色体数が８本のキイロショウジョウバエで[v]と[vi]が起こらなかったとき、染色体が異なる組合せになる配偶子は何通り作られるか答えなさい。

問３　上の文章中の[ii]に相当する精子の元になる10^6個の細胞から、[iii]を経て作られる精子は何個になるか答えなさい。ただし、分裂中に死滅する細胞がないと仮定して計算しなさい。

問4　ヒトの核にあるゲノムは30億塩基対(3×10^9 塩基対)あり、ヒトのミトコンドリアにあるゲノムは1.7万塩基対(1.7×10^4 塩基対)からなる。1つの細胞に含まれるミトコンドリアは活動的な細胞では多数存在する。いま、1つの肝細胞に 3×10^3 個のミトコンドリアがあるとすると、1つの肝細胞に含まれる塩基の数はいくつになるか、計算して答えなさい。ただし、RNAや、核内や細胞質内の断片的な核酸は無視することとする。

◀化学基礎・生物基礎▶

（60分）

第1問　◀化学基礎・化学▶ 第1問に同じ。

第2問　◀化学基礎・化学▶ 第2問に同じ。

第3問　◀化学基礎・化学▶ 第3問に同じ。

第4問　◀生物基礎・生物▶ 第1問に同じ。

第5問　◀生物基礎・生物▶ 第2問に同じ。

第6問　◀生物基礎・生物▶ 第3問に同じ。

③　修了の美
④　終末の美

(4)　国家の財政赤字の問題は一刻の猶予も許さない□の急の問題である。
①　崖っぷち
②　危機
③　焦眉
④　危難

(5)　高校野球優勝投手の確保に多くの球団が□を伸ばしている。
①　画策
②　耳目
③　眼力
④　触手

① 父帰る　② 夏目漱石　③ 哀しき父　④ 織田作之助　⑤ 森鷗外

【三】次の⑴～⑸の文の空欄に当てはまる言葉をそれぞれ①～④のうちから一つ選んで、番号で答えなさい。

⑴ 彼女と私は小学校から親しく、肝胆［　　］仲である。
① 相通ずる
② 相響く
③ 相照らす
④ 相通う

⑵ この試合を最後に今までのコーチと［　　］を分かった。
① 袂《たもと》
② 踵《きびす》
③ 胸
④ 腹

⑶ 彼の卒業作品は、［　　］というのにふさわしい作品だ。
① 終幕の美
② 有終の美

問10　次の(1)〜(3)の各問いに答えなさい。

(1)　次の文章の空欄[i]〜[iii]に当てはまるものをそれぞれ後の①〜⑤のうちから一つ選んで、番号で答えなさい。なお、空欄[i]と[ii]の順序はどちらでもよい。

芥川龍之介は、大正五年に鎌倉に引っ越し、一度、横須賀に移り、また鎌倉に戻ってきた。芥川龍之介が、小説の素材とした説話に、『[i]』と『[ii]』がある。芥川龍之介は、新技巧派であり、利己主義や[iii]主義の作品を書いた。

①　宇治拾遺物語　②　新興芸術　③　今昔物語集　④　芸術至上　⑤　高野聖

(2)　傍線部C「人差し指の上に銀貨をのせて」の勝負にみられるような遊びを、芥川龍之介は、『魔術』で（ここでは金貨）書いている。芥川龍之介の**作品ではないもの**を、次の①〜④のうちから一つ選んで、番号で答えなさい。

①　こがね丸　②　杜子春　③　蜘蛛の糸　④　歯車

(3)　次の文章の空欄[iv]・[v]にあてはまるものをそれぞれ後の①〜⑤のうちから一つ選んで、番号で答えなさい。

芥川龍之介は[iv]の弟子であり、『鼻』で[iv]に激賞されて、文壇に登場した。芥川龍之介と菊池寛は、第一高等学校で同級生であった。菊池寛の戯曲に『[v]』がある。

比喩を使っている部分を、本文中から十五字以上二十字以内で抜き出して書きなさい。

問9　この文章の説明として、**誤っているもの**を次の①～④から一つ選んで、番号で答えなさい。

① この文章には、叔父が大作家で国民の尊敬を集める芥川龍之介、その長男で名優の芥川比呂志のいとこでもあり、妻でもある著者が、文学や芸術を身近に感じる生活を送ってきたことが描かれている。比呂志は、個性的な性格であり、その人を理解し、その人生に寄り添った妻としての人生の深さを表現している。また、龍之介の家族や親族に対する細やかな愛情が、活き活きとした場面の描写によって伝わってくる。著者の恵まれた環境で培われた豊かな感性と文才で表現されている。

② この文章は、龍之介と妻との日常という大作家の私的な世界を、読者が想像できるように綿密に描いている。比呂志の演劇の舞台の様子を優れた鑑賞力で捉えている。比呂志と著者とは子供時代からの付き合いで良好な関係を築き、龍之介の贈り物により、物質的にも珍しく心惹かれるもので満たされ、人生の日常的な幸せや楽しさを効果的な引用を交じえて表現している。

③ この文章は、龍之介は天才と言われた分、ひとの何倍も努力した皮肉やであったことが描かれている。著者は、龍之介の天才のイメージとは違った印象を、姪ならではの日常的な語りで描いている。比呂志は、龍之介とは似ていない声音だが、独特の声が役柄に幅を持たせている。比呂志は、演劇に対する高い知識があり、原稿を執筆していた。その原稿の内容を裏打ちするかのように、著者は、家族とのできごとを優れた美的感覚で描いている。

④ この文章で、著者は、龍之介から贈られた西洋将棋で、龍之介の孫が遊んでいたことなどを書いている。龍之介からのおみやげは、本が多く、著者は、大作家の選んだ本が少女の頃から周りにある環境で育った。その思い出を見事に描き、鋭い感性が散りばめられている。

なことをしても、何も反論がないと張り合いがないものだ。それにもかかわらず、相手の矜持《きょうじ》を傷つけるところまで言い過ぎてしまったら、一人で海にいるような孤独感が残ってしまう。それでもまだ、相手の心に炭がくすぶっているように感じたら、逃げ道を残しておく配慮が求められる。

④夫婦喧嘩は、一緒に生活している以上、しないわけにはいかない。何かにつけて、怒りっぽい性格は、丁寧な性格に起因する。相手が、物事を一つずつ検証するようにすると、面倒な気持ちでもそれに付き合うしかない。やっと耐えた話し合いで結論が出たのにもかかわらず、それでもまだ、別の過去の解決済の話を持ち出してくるようならば、壁に向かって自問自答してもらう。その折に、優しいひとことを印象的に残しておくことが大切だ。

問6　傍線部G「さまざまな角度から面白おかしく観察して、自分のことも書いている」の説明として、最も適当なものを次の①～④のうちから一つ選んで、番号で答えなさい。

①自分が夫婦喧嘩もしたこともなく、妻を大きな声で叱ったこともない。

②自分の怒りっぽい性格を自覚せず、ためこんで爆発する前に発散していない。

③自分の父親が母親に優しかったため、自分が直接夫婦喧嘩を見たことがなく、喧嘩の仕方を理解していない。

④自分が怒っていたとしても、喜劇的にみえるようにウィットに富んだ会話を発して悲劇的になっていない。

問7　傍線部H「難しかった」を構成している品詞名を二つ書きなさい。

問8　傍線部I「細やかな心づかいをわすれない人」がわかる表現が、別のところにも書かれている。その表現で問4　傍線部D「お父さんは相当の皮肉やさんだったけれど、私や使用人にも荒いことばで何か言ったり怒ったことはない人でした」のように芥川龍之介の性格について表現されている部分を本文中の段落[Ⅰ]～[Ⅳ]からさがし、例にならって空欄[(1)]・[(2)]・[(3)]を補って説明しなさい。ただし、それぞれの空欄は三字以上十五字以内とし、傍線部Dの例は使わないものとする。

例

[皮肉やの]面があっても、[妻や使用人には荒い態度はとらない]というように、[周囲の人間に、礼節がある]性格

[(1)]面があっても、[(2)]というように、[(3)]性格

問5　傍線部F「夫婦喧嘩はドラマである」の内容として最も適当なものは、次の①～④のうちではどれか。一つ選んで、番号で答えなさい。

① 夫婦喧嘩は、クリーム・パイを投げるように、先制攻撃が勝負のかなめだ。相手がしてきたことと同じ程度のことかそれ以下の程度で応対すること。それにもかかわらず、相手がまだ怒っていて、自分とまだとことん話し合いたいと扉をたたいているならば、強引に冷静になれるところに行かせる。その折に、自分の扉は少しあけておいて、いつまでも待っていることを伝えることが肝要だ。

② 夫婦喧嘩は、いきなり相手に恥をかかせるようなことはしない方がよい。やり過ぎたときには、相手を大切に思っていることを行動で示すこと。それにもかかわらず、相手がこちらの気持ちをひどく傷つけるようなことを言ってきたら、ひどい言葉を発したと自覚させる。それでもまだ、喧嘩を続けるようだったら、相手をつき離し、距離をおくこと。その折に、助け舟を準備しておくことが重要だ。

③ 夫婦喧嘩は、相手が口答えしない場合は、こちらもじっと怒りをおさえた方がよい。相手を論破するよう

② 正義のためなら身を投げ出してもいいと考える様子。
③ 公平に法律で処断する様子。
④ 実直で義理がたい様子。

E　四六時中
① 午前四時から午後六時までの日中。
② 二十四時間で始終、いつものこと。
③ 一日を十割として、四割と六割にわけること。
④ 一時間のなかで四十六回分行うこと。

問2　傍線部B「声は素敵だった」とあるが、本文中の龍之介の声の特徴と**合致しないもの**を次の①～⑤のうちから一つ選んで、番号で答えなさい。
① 芥川龍之介の声は、名高い鐘の音が持つ余韻のような響きだった。
② 芥川龍之介の声は、口の中で音がこもっているようにも聞こえた。
③ 芥川龍之介の声は、機嫌が悪いときには、高い声で家族を呼んでいた。
④ 芥川龍之介の声は、低音で静かさと力強さとを兼ね備えていた。
⑤ 芥川龍之介の声は、鼻にかかった声だった。

問3　夫の比呂志の名優ぶりがわかる表現の部分を、本文中から二十五字以上三十字以内で抜き出し、はじめと終わりの五字を書きなさい。

わすれない人だったような気がする。

——芥川瑠璃子『双影　芥川龍之介と夫比呂志』——

注1　下島連……英文学者、翻訳者。
注2　ゴーリキイ……マキシム・ゴーリキー。ロシアの小説家、劇作家。『どん底』は、その作品で、サーチンはその登場人物。
注3　南佐久間町……現在の東京都港区の一部。次の「新銭座」も現在の港区にあった。
注4　碁笥……碁石を入れる丸い容器。
注5　柳生石舟斉……柳生宗厳《むねよし》。剣術家。次の「春桃御前」は、柳生石舟斉の妻。
注6　ローレンス・オリヴィエ……二十世紀のイギリスを代表する名優。次の「ヴィヴィアン・リイ」は、イギリスの女優。ローレンス・オリヴィエの妻。
注7　岩田豊雄……小説家、演出家。獅《し》子《し》文六《ぶんろく》の筆名でも活躍した。
注8　マック・セネット……カナダ生まれ。米国の喜劇俳優、映画監督。パイ投げを喜劇に取り入れた。
注9　『少女の国』……大正十五年創刊。

問1　傍線部A「律儀な」、傍線部E「四六時中」の説明として最も適当なものを次の①～④のうちからそれぞれ一つ選んで、番号で答えなさい。

A　律儀な
①　ある基準にあてはめて処理する様子。

「ばぶちゃん（筆者註＝文のこと、若い文はおばあさんと呼ばれるのを厭《いや》がり、自分で考えて孫にこう呼ばせていた）は『私はお父さんに大きな声で叱られたことは一度もなかったわ。喧嘩したことも一度もありませんでしたよ』って言ってたわよ」

「ばぶちゃん」というのは、三年前に亡くなった私の母のことである。お父さんというのはむろん、私の父のことだ。

信じられない。しかし、信じられるような気も、ちょっとするところが、何となく癪《しゃく》である。

そこで私は、わざと平然として答える。「忘れちまってるのさ、自分たちの喧嘩したことを」

「まさか。とにかくおじいちゃんは、パパみたいには怒らなかったって」

「当たり前だ。二代分怒ってるんだ、おれは！」

この後者たちのする喧嘩は、多分に喜劇的に思われる。悲劇になりようがなかったのは、お互いの子供時代からのつき合い方と、ほうり込んでくれる「浮袋一つ」のおかげだったのかも知れない。

叔父から偶々《たまたま》貰うおみやげは大抵本だった。ある時貰った雑誌は『少女の国』[注9]という、当時の流行挿絵画家高《たか》畠《ばたけ》華《か》宵《しょう》の表紙のものだったが、その頃の私には少しばかりH難しかった。芥川には女の子が一人もいなかったので、叔父にはその位の年頃の女の子の読む本など、よく判《わか》らなかったに違いない。ただ、叔父が軽井沢に行っていた頃、後で貰ったおみやげは、しゃれた黄色い玉のネックレスで、叔母から渡されたときはとても嬉しくて大事にしていた。その時比呂志たちが貰ったのは西洋将棋で、それこそ長い間保存されて比呂志の娘たちまで遊んだが、戦争中の疎開さわぎで、ネックレスともども失った。また、龍之介は中国旅行の際にも、家族の一人一人におみやげを買うのを忘れず、私の母はお魚の形をした翡翠《ひすい》の帯止《おびど》め、文も同じような帯止めを貰っていた。I細やかな心づかいをたし、喧嘩《けんか》になりようがなかったに違いない。

比呂志も龍之介に似て、ものが「ない、ない」とE四六時中さわいでいたが、私とはお互いにいとこ同士の結婚で、幼い時からのくせが出て、よく口喧嘩もしている。比呂志は滅多に怒らない父と対照的に、何かにつけてよく怒った。このことは私のぼんやりさ加減と、ふだんからお互いに遠慮のないことと、彼の短気に原因があったのではなかろうか。

『婦人公論』昭和四十五年十二月号に「F夫婦喧嘩はドラマである」と題して、日記形式で一文をよせている。恰度《ちょうど》、俳優座劇場プロデュース『メテオール』（デュレンマット作、レオポルト・リントベルク演出）に出演中の頃のものである。また、並行してNHKの『春の坂道』のテレビ放映の頃で、比呂志扮《ふん》する剣の達人、注5柳生石舟斉《やぎゅうせきしゅうさい》と、京塚昌子さんの春桃御前を例に掲げて、「これは喧嘩をしない夫婦」、それに続いて演劇人二人の夫婦、神山繁《こうやましげる》、文野朋子《ふみのともこ》夫妻を例にもとり、注6ローレンス・オリヴィエとヴィヴィアン・リイ、注7岩田豊雄《とよお》先生のお若かった頃の旦那さま振りに及び、チェーホフの『退屈な話』の主人公老教授と、優雅なワーリヤとの例になる「夫婦喧嘩のありかた」を、Gさまざまな角度から面白おかしく観察して、自分のことも書いている。

しかし口先だけでする喧嘩でも、相手の顔へいきなりべったり泥をぬるようなやり方は、まずいだろう。せめて注8マック・セネットの喜劇なみに、クリーム・パイで行くべきである。勢いあまって相手を海の中へ突き落としてしまったら、自分も飛びこんで手をさしのべることだ。相手がこちらの顔へ、いきなりべったり泥をぬったら、じいっとその顔を相手にみせてやるといい。それでも相手がかかってくるようだったら、取っつかまえて、目よりも高く差し上げて、東京湾でも田子の浦へでもほうり込んで、さっさと帰ってくる。ただし、ついでに浮袋を一つ、ほうり込んでおくこと。

さてそういう一幕が終ると、家内のいうせりふは決まっている。

Ⅰ一番お終《しま》いは、C人差し指の上に銀貨をのせて、拡げている相手の掌《てのひら》に向って、その銀貨を打ちおろし、取ることが出来た者にはそのお金をあげる、というのである。細い指先が敏捷《びんしょう》にうごく。それこそ目にもとまらぬという感じであって、誰もその銀貨をとることが出来なかった。その時の叔父の得意そうな顔。いつもの鼻にかかったあの声で、みんなを多少ばかにして言ったに違いない。「どうだ、誰もとれないだろう！」。そして子供のように笑って皆を見廻《みまわ》しているのだったが、その目はとてもやさしかった。叔父の晩年の写真では、時としてこわい顔のものもあるが、いつもの目は、女の人のように長い睫《まつげ》のかげにやさしい。

Ⅱ文は「Dお父さんは相当の皮肉やさんだったけれど、私や使用人にも荒いことばで何か言ったり怒ったことはない人でした」と言っている。ただ一度、客間の柱にある疵《きず》を示して、「これはたった一度投げつけた（囲碁の碁笥《ごけ》[注4]）きず跡よ」と教えてくれたことがあったが、その烈《はげ》しい怒りの原因が何であったのか話してはくれなかったし、聞いては悪いような気がして聞きもしなかった。

Ⅲ叔父の嫌ったことは、自分の部屋を勝手に掃除されることだったらしい。ある日、叔父が外出中、叔母が部屋に行ってみたら、あまりの乱雑さに綺麗《きれい》好きの叔母は我慢がならず、掃除してしまった。すると帰宅してから叔父の機嫌が悪くなり、小言を言われたという。

「書きほごし一枚でも大事なんだ。勝手に捨てるな」

丸めて捨ててあるので、叔母は不用のものと思って捨ててしまったらしい。

「とにかくお父さんは字引きでも人から来た手紙でも、ない、ないと大さわぎするの、そして一度そういうこと（叔母の失敗）があると、また、私がしたと思って大変なのよ。捜すとちゃんと出て来て、結局は自分のやったこととか思い違いなのよ」

Ⅳ叔母は失《な》くしものが出てくると、わざと何にも言わず、そっと黙って机の隅とか叔父の目の前に差し出す。叔父は困る。「その時のお父さんの困った顔ったらないのよ」とわらっていた。叔母は口ごたえするような性格ではなかっ

て力強く、たくましいとさえ言ってよい声である。それは名鐘の余韻に近いような声というほか私には言いようがない。あのような声をその後今日に至るまで聞いたことがない。私の知るかぎりの芥川さんのお声について書いたものを読んだことがないので、これだけは書き留めて置きたいと思って、編集者から与えられたこの機会を利用させてもらったと言ってもさしつかえない。

と、お褒めのことばをいただいている。

　そのようにB声は素敵だったらしいが、文は「お父さんは音痴よ。私はうたが大好きでよく唄《うた》ったけれど、お父さんは幾ら教えても駄目でした。調子っぱずれもいいところよ」と言う。比呂志も音痴で、唄うのは苦手だった。私も唄うのは好きで若い頃はよく戯れにいろいろなうたを口誦《くちずさ》んだりしたが、比呂志の何とか覚えられたのはシューベルトの「野ばら」の一節くらいのもので、それも時々調子が外れた。ただ、後年演劇に拘《こだわ》るようになった比呂志が、[注2]ゴーリキイの『どん底』のサーチンを演じた時、劇中で「夜でも昼でも牢屋《ろうや》は暗い……いつでも鬼めが……あーああ……」とうたう「牢屋の唄」は、音痴などという概念を外れて、何か地の底からきこえてくる「うた」のように心に沁《し》みた。

　滅多に逢《あ》うことのない叔父が、[注3]南佐久間町の家へ遊びに(?)来たことがある。うちの洋間（床がテックス張りになっている）へ何故《なぜ》か座布団を敷いて家族と坐《すわ》っていたのだが、雑談に飽きると硯《すずり》を取りよせて、半紙に絵を描き出した。簡単なはしり書きで、樹の絵だの句も書いたような気がする。私の父の死後、新銭座《しんせんざ》の町にヒサが転居してからも来たことがあるが、その時も同じように沢山の絵を書いている。とにかく絵を描くのが好きで、気分転換のひとつだったのかも知れない。その時は出来そこないの絵はすぐその場で丸めてしまい、それにも飽きると、簡単な手品もみせてくれた。

【二】次の文章は、芥川龍之介の姪《めい》にあたる随筆家芥川瑠璃子氏が執筆したものである。夫は、俳優の芥川比呂志（龍之介の長男）であり、いとこ同士で結婚した。また、文中の芥川文《ふみ》は芥川龍之介の妻である。この文章を読んで、後の問いに答えなさい。（なお、設問の関係上、文章の一部を改めている。）

龍之介が亡くなったのは、私が小学校四年生の夏のことであった。

ふだんは母（龍之介の姉ヒサ）に連れられて芥川の家に遊びに行っても、叔父は大抵仕事中か来客中か、滅多《めった》に母と世間話をしていたなどという記憶はない。作家として多忙を極めていた頃にあたっていたせいかも知れない。それとも私たち子供が別間で遊んでいた時間、沢山ある部屋のどこかで、大人同士の話をしていたのだろうか。

龍之介は在宅している限り、姉ヒサの声が玄関ですると、一種独特の急ぎ足で二階から駈《か》け降りてくる。そして、茶の間の手前の小部屋に這入《はい》ってくるなり、畳に両手をついて「いらっしゃい」と丁寧なお辞儀をする。特徴のある長髪をばさばさと垂らして、額を畳にすり付けんばかりにする挨拶の仕方は、何か大きな黒い鳥が翼を拡《ひろ》げたすがたに似ていた。ヒサは「龍ちゃん、私が来たからって一々おりて来なくってもいいのに。仕事中なんでしょ」と言うが、ヒサが芥川を訪れ、龍之介が在宅している限り、その挨拶は欠かすことなくつづけられた。それは龍之介の昔風のA律儀な性格からくるものか、却《かえ》って早く挨拶を済ませてしまわなければ、落着いて仕事に執りかかれない神経の細かなところであったのか、判《わか》らない。

後年、『追想芥川龍之介』（中央公論社刊、芥川文《ふみ》述、中野妙子記）で、龍之介の、一種の含み声にちかい声音《こわね》と、二階から降りてくる独特の足音に、文は「長男そっくり」と述べている。前述の注1下島連《しもじまむらじ》氏も『芥川龍之介全集』（再刊・岩波書店刊）の「書簡集」の月報に、龍之介の声についてお書きになっている。

芥川さんで忘れられないのは大学の英文科を志望する若い学生に対する忠言とあの低く静かな、それでい

①日本において「花鳥風月」はほぼすべての年代に好まれる存在と考えられている。
②現在の日本では、「鳥」は食用になるか、迷惑な存在であるかのどちらかである。
③江戸時代の元禄期になると、「花鳥風月」に対して「華やかさ」のイメージが加わった。
④鳥の体内時計は、「日長」を基準にしているために、季節の感覚にずれが生じてしまう。
⑤近世の日本人は月の満ち欠けと潮の満ち引きの一致に気づいていた。
⑥『万葉集』をはじめとして、日本では「花鳥風月」が文学の題材に頻繁に取り上げられた。

問9　この文章の構成・内容についての説明として最も適当なものを、次の①～④のうちから一つ選んで、番号で答えなさい。

①この文章は、冒頭で日本文化における「鳥」の位置づけに対しての問題提起を行い、「鳥」に対する最新の科学的研究成果を踏まえながら、「花」「風」「月」との違いを強調することで、文化と科学を融合した結論としている。
②この文章は、日本文化の多様性について冒頭で提示し、その代表である「花鳥風月」についての歴史的な用例を具体的に挙げ、多くの人が感じている日本文化に対する疑問に対し、客観的な結論を述べることでまとめている。
③この文章は、日本文化を語る際に何気なく持ち出される「花鳥風月」という言葉に対し、冒頭で問題提起を行い、その四つに対して歴史的経緯や科学的知見をもとに具体例の提示をしながら、その共通点を見《み》出《いだ》して結論に導いている。
④この文章は、これまで指摘されてこなかった「花鳥風月」への新たな視点を冒頭で提示し、その四つがこれまでの日本文化論でどのように語られてきたのかを説明しつつ、一つ一つを科学的知見によって反論し、自らの意見の正当性を主張している。

問6　傍線部C「『草木』とは『花鳥』でもあった」とはどういうことか。最も適当なものを次の①～④のうちから一つ選んで、番号で答えなさい。

① アニミズムの対象となる「草木」のなかには「花」や「鳥」も含まれていたということ。
② アニミズムの対象となる「草木」には、ほとんどの場合「花」や「鳥」が添えられていたということ。
③ アニミズムにおいては、動物と植物とを区別して信仰の対象としているということ。
④ アニミズムにおいては、「花」は「草」に、「鳥」は「木」に置きかえられていたということ。

問7　傍線部D「『花鳥風月』はこのようにして、季節と生き物の周期性から導かれる美意識として培われたと言えるだろう」とあるが、「花鳥風月」における「季節と生き物の周期性から導かれる美意識」について、次の文章の空欄［Ⅰ］・［Ⅱ］に当てはまる字数で内容を説明しなさい。ただし、解答には、後に挙げたⅠ・Ⅱそれぞれ二つの語を必ず用い、字数に含めることとする。

「花鳥風月」は［Ⅰ　二十字以上二十五字以内］の象徴であった。そのなかで「鳥」は、［Ⅱ　二十字以上二十五字以内］ため、人間が「暦」にすることができた。そのために動物を代表して選ばれる存在となったのである。

Ⅰ　日本人　季節
Ⅱ　外見　体内時計

問8　次の①～⑥のうちで、本文の内容と**合致しないもの**を**二つ**選んで、番号で答えなさい。

④「花」「鳥」「風」「月」

問3　傍線部B「その『花鳥』は『花』と『鳥』ではなく、『花鳥』という一組であった」とあるが、そのように指摘する理由は、江戸時代の日本において「鳥」がどのようなものと意識されていたからであるか。それを表す言葉を本文中から十字以上十五字以内で抜き出して答えなさい。

問4　空欄[ア]〜[ウ]に当てはまる語の組み合わせとして、最も適当なものを次の①〜④のうちから一つ選んで、番号で答えなさい。

①　ア　しかも　イ　けれども　ウ　そして
②　ア　そして　イ　しかし　ウ　だから
③　ア　しかも　イ　そして　ウ　たとえば
④　ア　すると　イ　しかし　ウ　だから

問5　空欄[エ]〜[ク]に当てはまる語の組み合わせとして、最も適当なものを次の①〜④のうちから一つ選んで、番号で答えなさい。

①　エ　鳥　オ　月　カ　花　キ　風　ク　風
②　エ　風　オ　月　カ　花　キ　鳥　ク　風
③　エ　風　オ　花　カ　鳥　キ　花　ク　月
④　エ　鳥　オ　花　カ　月　キ　鳥　ク　月

活から容易にわかったので、多くの国の暦法ではもともと月齢を元にしていた。

日本でも近世には月の満ち欠けをもとに計算し、それと太陽の一年間の動きとのズレを「うるう月」で調整する太陰太陽暦を使ってきた。この暦によって示された啓蟄《けいちつ》、穀雨《こくう》、芒種《ぼうしゅ》などの二十四節気は、季節ごとの生き物や農作物の成長と密接な関連があり、日本人はその季節ごとの「花」「鳥」を愛で、「風」すなわち風雅を感じてきた。D「花鳥風月」はこのようにして、季節と生き物の周期性から導かれる美意識として培われたと言えるだろう。

――奥野卓司『鳥と人間の文化誌』――

注1　折口信夫……一八八七～一九五三年。歌人、国文学者、民俗学者。
注2　アニミズム……自然界のすべてのものに霊魂、あるいは霊が宿っているという考え方。
注3　視床下部……脳の一部で自律神経の働きを調節する部分。

問1　傍線部①～⑤については、漢字は読みをひらがなで書き、傍線部(a)～(e)については、カタカナを漢字（楷書で書くこと）に改めなさい。

問2　傍線部A「それらの概念」が指している内容として最も適当なものを次の①～④のうちから一つ選んで、番号で答えなさい。

①「花鳥風月」、「侘び」「寂び」、「粋」
② 先人たちの「日本文化論」
③ 日本の歴史を象徴するさまざまな言葉

生活が始まってからも、稲作の季節感は洗練された形で残り、それは生き物、とくに「花鳥」と深く関わっている。

たとえば「鳥暦」というように、都市の人々もウグイスが鳴くと「春」を感じ、ツバメが②軒先に巣をつくると「初夏」を感じる。さらに、シギやチドリがシベリアあたりから③干潟に飛来すると「秋」の訪れを感じる。やがてガンの群れが空を飛び、ツルが北から帰ってくると「冬」の到来を感じることになる。

このように、昔の人々は「月」「花」とともに、「鳥」を見て「暦」にしたのである。

鳥類は生理学的には、「気温」ではなく「日長」を、生物としての暦（年周期）、つまり体内時計にしている。気温は年によって、日によって変化するので不確実で、生物の生存にとっては命とりになりかねない、ある日が暖かいからといって、翌日には急に温度が下がることもあるからである。だが「日長」、つまり太陽が地上に出ている時間の長さは地球の公転に基づいているため、毎年一定だ。

鳥たちはもっとも餌の豊富な時期にヒナを育てる。このために毎年、その時期に合わせて鳥の体内で性腺が大きくなる必要があるし、繁殖が終わると、その後の渡りの前に「換羽」、つまり全身の羽毛が生え変わらなければならない。

鳥の体内でこの生理機能をコントロールしているのは、各種のホルモンである。その④中枢になっている脳下垂体の指示に従って、各ホルモンの量の⑤分泌が調整されている。そのバランスによって、鳥の生理上の変化、形態や行動の変化が起こる。

この時、その指標にしているのが太陽が地上に出ている時間の長さ、すなわち「日長」であり、それが視床下部[注3]を通じて鳥の脳下垂体に伝達される。神経伝導は電気的な信号によるので瞬時に伝達され、即時に反応が現れるが、ホルモンは液体なので時間経過が必要で、その分泌量や(e)チクセキによって「時計」とすることができる。

人間の暦は天体の運行を計算して作られてきた。が、先に述べたように、人々の日常的な感覚には、日の長さより夜間に見る月の満ち欠けと位置の方が明確で、しかもそれが潮の満ち引きとも一致していることが当時の生び」の心を観《み》たのだ。その意味での「花鳥風月」が「華やかに」なるには、江戸時代の元禄期（一六八八―一七〇四年）や文化文政期（一八〇四―一八三〇年）での変質を通過するか、もともと「ワビ、サビ」も、いま思われているように古びて枯れたようなものではなかったと考えるほかない。

いずれにせよ「花鳥風月」は、日本人のとらえる「景観」のイメージであり、そこから「［　エ　］」だけをとり出して美を感じるということは、平安時代以降、少なくとも江戸時代中期までなかった。もしそこに美を感じるとしても、「［　オ　］」と「［　カ　］」を中心に「［　キ　］」に対してであっただろう。ここでの「花」は、西洋で美とされた植物の生殖器でなく、「花木」と表現されるものである。

また「［　ク　］」は、今日の太陽暦のもとでは副次的なものに見なされがちだ。しかし、明治に入って新暦に改暦されるまでは、人々が季節を知るもっとも大きな天文のサインだった。日本の神話でも、天照大神《あまてらすおおみかみ》の次に月読命《つくよみのみこと》がおかれている。日本だけでなく世界の暦の基本は月齢から計算されており、それが潮汐《ちょうせき》を決めるため、漁業や航海にとって非常に重要な指摘だった。いいかえれば、月とその周期の関係を知っていることが、季節を知るということだったのだ。

そして、これを「遊興」に転換したのが「風」だろう。「風雅」「風俗（優雅と世俗の双方）」や「風狂」というときの「風」だ。「風」を治めようとするのも日本の文化の特徴で、風神、雷神のもたらす大風や野分《のわき》を治めることは、世の平和や秋の(d)シュウカクにとって大事なことであった。

さらに、日本人は自分の周囲の木や虫を、自分と同じ「生き物」として心が通じ合うように感じていたという注1折口信夫《おりくちしのぶ》以来の言説は、現代の私たちにまで通じるものがある。古くからのこうした日本人のアニミズム注2では、その具体例として「草木虫魚」がしばしばとりあげられ、ここでいうC「草木」とは「花鳥」でもあったと言えよう。

（中略）

日本の暦は、もともと稲作を気候の変化に応じて行うために用いられてきたが、近世以降、上方や江戸で都市いずれにしても「花鳥風月」は、日本文化のあらゆる分野において作品の主要なテーマになってきた。［ア］、それらは決して過去の表現としてだけではなく、今日でもマンガ、アニメ、ポピュラー音楽をはじめ、カレンダーやテレビコマーシャルなどにも取り上げられ、若者から高齢者までのほぼ全年代において好まれていると当然のごとく思われている。

そうした意味では、「花鳥風月」は、われわれの生活の中に、美的なもの、良きもの、あるいは「風流」や「風雅」を象徴するものとして広く定着していると言えよう。［イ］、深く検討されることもなく、「花鳥風月」に親和性や共感性を抱くことが日本人共通の美意識であるかのように思い込まれている。

しかし、今日のわれわれは、それぞれの暮らしのなかで、はたしてそれほど鳥と親しく接しながら暮らしているだろうか。［ウ］毎年、桜や紅葉を愛《め》でるように、満ち欠けする月に夢のある物語を感じるように、あるいは木々を渡るさわやかな風に心地よさを感じるように、鳥に親和的な感情を本当に抱いているのだろうか。むしろ都市化した生活において、実際に鳥を意識するのは、ゴミステーションを荒らすカラスの姿や、夕刻の駅前に集まるムクドリやヒヨドリの(a)サワがしい鳴き声である。それらを考えれば、現代の人間にとって、現実の鳥は必ずしも好ましい存在と感じられているとはいえないだろう。

鳥を(b)カう、食べるなど、日本人の生活の中で「個体」として鳥が意識され、(c)シントウしたのは江戸時代である。それまでも網や鳥刺しなどで鳥を捕って食べることはあったが、近世以前に、鳥が単独で意識的に表現されているものは少ない。日本において鳥は、四季の自然全体の中の一部のものとして扱われていたようだ。

今日のわれわれは、「花鳥風月」という言葉に「華やかさ」や「遊興」のイメージを感じる。しかしこの言葉の由来と考えられている世阿弥（一三六三頃―一四四三年）の『風姿花伝』を読んでいくと、世阿弥に始まり、そこから具象化していく「花鳥風月」は、ワビ、サビ的な暗く静かなものだった。

さらにその具体化としての茶道は、世阿弥も、そこから足利、千家へとつづく教えの中に、華やかでないものに「遊植物学者の中尾佐助（一九一六―一九九三年）や民族学者の佐々木高明（一九二九―二〇一三年）らの「照葉樹林文化論」、里山の国であるとする先人たちの「日本文化論」をふりかえれば、日本人にとって「獣」との関わりも深いものがあったと考えられる。

それにもかかわらず、なぜ「花獣風月」や「花魚風月」ではなく、「花鳥風月」なのだろうか。そして実際、ぼく自身もふくめ多くの日本人が、獣や魚より鳥の方に風雅さを感じるのはなぜなのか。

その一方で、華やかとは言えない「侘《わ》び」「寂《さ》び」もまた、日本文化を示す言葉とされている。さらに歌舞伎や着物の「粋《いき》」もまた、日本の美意識を象徴する言葉として用いられている。

日本文化を象徴するとしてこれまで主張され、日本人自身が漠然と受け入れてきたAそれらの概念は、しばしば相互に矛盾した意味を含んでおり、「日本文化」とは何か、日本人の美意識とは何かを真剣に問いはじめると答えは簡単ではない。

古来、日本には「花鳥風月」のそれぞれを題材にした物語、詩歌、音楽、絵画は多い。たとえば、『万葉集』の編纂《へんさん》者の一人とされる大伴家持《おおとものやかもち》は、とりわけ鳥に関心があったようで、鳥にまつわる歌が多く選ばれている。また『枕草子』でも『源氏物語』でも、「花鳥風月」のそれぞれがしばしばとりあげられている。

さらには、日本には「花鳥画」という絵画の伝統的分野があったこともよく知られている。その主流である狩野派の主要な題材は「花鳥風月」であった。また、伊藤若冲《いとうじゃくちゅう》ら狩野派以外の江戸時代の絵師たちや、喜多川歌《きたがわうた》麿《まろ》、葛飾北斎《かつしかほくさい》などの浮世絵師たちも、鳥、とくにニワトリやツルの絵を数多く描いたことで知られている。

ただ、ここで注意しなければならないのは、Bその「花鳥」は「花」と「鳥」ではなく、「花鳥」という一組であった、ということだ。もしくは、動植物という漠然とした意味で「鳥」だけを取りあげているのではなかった、ということだ。狩野派の花鳥画においても、そのほとんどが樹木に小さな鳥が乗っている構図であることからも、それがわかる。

国語

（六〇分）

【一】次の文章を読んで、後の問いに答えなさい。（なお、設問の関係上、文章の一部を改めている。）

鳥と日本人というと、まず思いつく言葉が「花鳥風月」である。昔から日本人がそろって好ましく感じてきたものとして「花」「鳥」「風」「月」がある、ということだろう。

だが、ちょっと考えると、そのように四つのアイテムを、個々に「好む」ということなのだろうか、という疑問がわく。なかでも「風」は、後に述べるが気になる。「花」も「月」も、そして「鳥」も、「風」の「形容詞」的な意味で使われているのではないだろうか。

たしかに、今でも四季おりおりに、「花鳥風月」という言葉を口にする人が少なくない。「花鳥風月」は、季節とともに変化する美しい風景の象徴であり、またそれらをこよなく愛する日本人の、①繊細な情緒を表わす表現として多用されてきたのは間違いない。

この言葉は、世阿弥《ぜあみ》が記した能の書『風姿花伝』の中で、「稽古すべき各種の芸に対する注意」として「上職の品々、花鳥風月の事態、いかにもいかにも細かに似すべし」と記されていることに由来している。

「花」「月」「風」を風雅の象徴とするとして、では動物はなぜ「獣」や「魚」ではなく、「鳥」なのだろうか。日本が海に囲まれ、河川がかたちづくる豊かな地形が多いことを考えれば、「魚」がとりあげられてもよい。

解答編

■英語■

1 **解答**　Ⅰ　問1．エ　問2．ア　問3．ア　問4．ウ
問5．イ

Ⅱ　問1．イ　問2．ウ　問3．エ　問4．ア　問5．イ

2 **解答**　問1．イ　問2．ア　問3．エ　問4．ウ　問5．ア
問6．エ　問7．イ　問8．エ　問9．ウ　問10．イ

3 **解答**　問1．①―ウ　②―ウ　問2．③―イ　④―ア
問3．⑤―ウ　⑥―ア　問4．⑦―イ　⑧―ウ

問5．⑨―ア　⑩―エ

4 **解答**　≪ハワイ旅行をめぐる会話≫

問1．①―カ　②―ウ　③―イ　④―キ

問2．イ

5 **解答**　①―ア　②―ウ　③―シ　④―オ　⑤―キ
⑥―ク　⑦―イ

6 **解答**　≪紛争解決における尊厳の重要性≫

問1．オ　問2．ウ　問3．ア　問4．イ・カ　問5．ウ

理科

◀化学基礎・化学▶

1　解答　≪周期表と元素の性質≫

問1．N

問2．He，Ne，Ar

問3．C，Si

問4．Li，Na

問5．F，Cl

問6．O

問7．Mg

問8．Si

問9．Al

2　解答　≪硫酸の濃度換算，溶解度≫

問1．(1) 18 mol/L　(2) 50 mL

問2．(1) 68 g　(2) 28 g　(3) 37 g

3　解答　≪水酸化ナトリウム水溶液の電気分解≫

問1．a．酸化　b．還元

問2．陽極：水酸化物イオン　陰極：水

問3．陽極：酸素　陰極：水素

問4．陽極：$4OH^- \longrightarrow O_2+2H_2O+4e^-$

陰極：$2H_2O+2e^- \longrightarrow H_2+2OH^-$

問5．$2H_2O \longrightarrow 2H_2+O_2$

4 解答 ≪銅とその化合物の性質≫

問１．①名称：酸化銅（Ⅱ）　化学式：CuO

②名称：酸化銅（Ⅰ）　化学式：Cu_2O

問２．$Cu+2H_2SO_4 \longrightarrow CuSO_4+2H_2O+SO_2$

問３．$Cu(OH)_2 \longrightarrow CuO+H_2O$

問４．$[Cu(NH_3)_4]^{2+}$

問５．⑥非共有電子対　⑦配位結合　⑧錯イオン

5 解答 ≪無機化合物の工業的製法≫

問１．アンモニア

問２．$N_2+3H_2 \longrightarrow 2NH_3$

問３．硫酸

問４．$SO_3+H_2O \longrightarrow H_2SO_4$

問５．硝酸

問６．$2NO+O_2 \longrightarrow 2NO_2$

問７．問１の名称：ハーバー・ボッシュ法

問３の名称：接触法

問５の名称：オストワルト法

6 解答 ≪アルコールの酸化反応の性質≫

問１．ａ．メタノール　ｂ．ギ酸　ｃ．アセトン　ｄ．ヨードホルム

問２．ア．銀鏡　イ．フェーリング　ウ．アセチル　エ．黄

問３．示性式：$HCOOH$

説明：分子構造内にアルデヒド基をもつため還元性を示す。

問４．CH_3COCH_3

◀生物基礎・生物▶

1　解答　≪DNA の構造，セントラルドグマ≫

問1．a．転写　b．翻訳　c．セントラルドグマ　d．ウラシル
e．リン酸　f．二重らせん　g．相補的

問2．i．30.1　ii．19.9　iii．19.9　iv．0

問3．AAUGGGCAUAAAAAAUGCCCACC

問4．②

2　解答　≪生体防御≫

問1．ア―⑤　イ―⑥　ウ―④　エ―⑩　オ―⑦　カ―②

問2．好中球，樹状細胞，マクロファージ

問3．細胞性免疫：①・④・⑥・⑦　体液性免疫：③・④・⑦

3　解答　≪光合成と呼吸，生態系，地球温暖化≫

問1．1．二酸化炭素　2．独立栄養　3．従属栄養　4．生産
5．消費　6．葉緑体　7．ATP　8．代謝　9．酵素　10．化石燃料
11．温室効果

問2．ア．水　イ．酸素

問3．液胞

問4．大規模な森林伐採が行われているが，純生産量の大きな森林は，地球温暖化の原因である大気中の二酸化炭素を減少させることができるから。

(70 字以内)

4　解答　≪ニューロンの構造，興奮の伝導と伝達≫

問1．ア―⑧　イ―⑨　ウ―①　エ―②　オ―⑤　カ―⑥　キ―⑤
ク―⑨

問 2．A．樹状突起　B．細胞体　C．ランビエ絞輪

問 3．跳躍伝導

問 4．興奮の伝導：①・⑥　興奮の伝達：②・③・④・⑤・⑥

5　解答　≪発生のしくみ，再生医療≫

問 1．ア．紫外線　イ．再生　ウ・エ．赤血球・白血球

オ．胚盤胞（初期胚）　カ．ES 細胞　キ．山中　ク．iPS 細胞

問 2．核移植実験において 2 %弱の胚は正常に発生したことから，おたまじゃくしの腸の上皮細胞やカエルの表皮細胞の核は発生に必要な遺伝子を持ち，発生に必要な遺伝子発現をしたことになる。したがって，分化した細胞の核には発生に必要なすべての遺伝情報が含まれていることがわかる。(110 字～130 字)

問 3．iPS 細胞から作成した配偶子を受精させて新たな生命を作り出せること。(30 字～40 字)

問 4．新薬の開発（5 字～10 字）

6　解答　≪減数分裂による配偶子形成≫

問 1．ｉ．卵原細胞　ii．一次卵母細胞　iii．減数分裂　iv．二価染色体

ｖ．乗換え　vi．組換え　vii．二次卵母細胞　viii．第一極体

ix．第二極体　ｘ．先体　xi．卵割　xii．細胞周期

問 2．2^4 通り（16 通り）

問 3．4×10^6 個

問 4．6.1×10^9 塩基

◀化学基礎・生物基礎▶

1 **解答** ◀化学基礎・化学▶ 1 に同じ。

2 **解答** ◀化学基礎・化学▶ 2 に同じ。

3 **解答** ◀化学基礎・化学▶ 3 に同じ。

4 **解答** ◀生物基礎・生物▶ 1 に同じ。

5 **解答** ◀生物基礎・生物▶ 2 に同じ。

6 **解答** ◀生物基礎・生物▶ 3 に同じ。

解答

問1　A―④　E―②

問2　③

問3　何か地の底〜心に沁みた

問4　(1)こわい　(2)子供のように笑って皆を見廻す　(3)とてもやさしい　（それぞれ三字以上十五字以内）

問5　②

問6　④

問7　形容詞・助動詞

問8　大きな黒い鳥が翼を拡げたすがたに似ていた

問9　③

問10　(1) i・ii―①・③（順不同）　iii―④　(2)―①　(3) iv―②　v―①

三

解答

(1)―③　(2)―①　(3)―②　(4)―③　(5)―④

国語

一

出典 奥野卓司『鳥と人間の文化誌』〈第一章 「花鳥風月」は日本文化か〉（筑摩書房）

解答

問1 ①せんさい ②のきさき ③ひがた ④ちゅうすう ⑤ぶんぴつ〔ぶんぴ〕

(a)騒 (b)飼 (c)浸透 (d)収穫 (e)蓄積

問2 ①

問3 四季の自然全体の中の一部のもの

問4 ③

問5 ④

問6 ①

問7 Ⅰ 日本人が愛する季節とともに変化する美しい風景（二十字以上二十五字以内）

Ⅱ 日長を体内時計にし、時期により外見が変化する（二十字以上二十五字以内）

問8 ②・④

問9 ③

二

出典 芥川瑠璃子『双影―芥川龍之介と夫比呂志』〈龍之介 憶い出の中の龍之介〉（新潮社）

2019年度

問題と解答

■一般入試Ⅰ期（A日程）

問題編

▶試験科目・配点

<table>
<tr><th colspan="2">学部・学科</th><th>教　科</th><th colspan="2">科　　　目</th><th>配　点</th></tr>
<tr><td rowspan="6">家政</td><td rowspan="3">家政保健</td><td>外国語</td><td>コミュニケーション英語Ⅰ・Ⅱ，英語表現Ⅰ</td><td rowspan="3">3教科の中から2教科選択</td><td rowspan="3">200点（各100点）</td></tr>
<tr><td>理　科</td><td>「化学基礎・化学※①」，「生物基礎・生物※②」，「化学基礎・生物基礎」から1科目選択</td></tr>
<tr><td>国　語</td><td>国語総合（古文・漢文を除く）</td></tr>
<tr><td rowspan="3">管理栄養</td><td>外国語</td><td>コミュニケーション英語Ⅰ・Ⅱ，英語表現Ⅰ</td><td rowspan="2">2教科の中から1教科選択</td><td rowspan="2">100点</td></tr>
<tr><td>国　語</td><td>国語総合（古文・漢文を除く）</td></tr>
<tr><td>理　科</td><td colspan="2">「化学基礎・化学※①」，「生物基礎・生物※②」，「化学基礎・生物基礎」から1科目選択</td><td>100点</td></tr>
<tr><td colspan="2" rowspan="2">児　童</td><td>外国語</td><td colspan="2">コミュニケーション英語Ⅰ・Ⅱ，英語表現Ⅰ</td><td>100点</td></tr>
<tr><td>国　語</td><td colspan="2">国語総合（古文・漢文を除く）</td><td>100点</td></tr>
<tr><td colspan="2" rowspan="2">教　育</td><td>外国語</td><td colspan="2">コミュニケーション英語Ⅰ・Ⅱ，英語表現Ⅰ</td><td>100点</td></tr>
<tr><td>国　語</td><td colspan="2">国語総合（古文・漢文を除く）</td><td>100点</td></tr>
<tr><td colspan="2" rowspan="2">短　大</td><td>外国語</td><td>コミュニケーション英語Ⅰ・Ⅱ，英語表現Ⅰ</td><td rowspan="2">2教科の中から1教科選択</td><td rowspan="2">100点</td></tr>
<tr><td>国　語</td><td>国語総合（古文・漢文を除く）</td></tr>
</table>

▶備　考

調査書および上記の学力試験により選考される。

※①：「化学」の出題範囲は，「無機物質の性質と利用・有機化合物の性質と利用」

※②：「生物」の出題範囲は，「生物の生殖と発生・生物の環境応答」

英語

（60分）

第1問

Ⅰ 次の各文のカッコ内に入る最も適切な英語をア～エの中から選び、その記号を書きなさい。

問1　James (　　　) by the strong wind.
ア. had blown off his umbrella　　イ. had his blown off umbrella
ウ. was being blown off his umbrella　　エ. had his umbrella blown off

問2　The news of Johnsy joining the project was (　　　) us.
ア. quite surprised to　　イ. quite surprised at
ウ. quite surprising to　　エ. quite surprising at

問3　(　　　), it would have been solved much earlier.
ア. If your brother hadn't made such a mistake
イ. But it for your brother's mistake
ウ. Were it not for your brother's mistake
エ. If your brother hasn't made such a mistake

問4　He was able to solve (　　　) that he encountered while studying abroad.
ア. almost all the problems　　イ. almost the all problems
ウ. almost of all the problems　　エ. all of almost the problems

問5　Would you mind (　　　) your cell phone? I have to call my son.
ア. if I will use　　イ. if I could use　　ウ. my using　　エ. using

Ⅱ 次の各文に対する答えとして最も適切な英語をア～エの中から選び、その記号を書きなさい。

問1　When you cannot catch what someone has said, what do you say?
ア. Go for it!　　イ. Forgive me!　　ウ. Sorry?　　エ. Do you worry?

問2　When someone calls at your phone number by mistake, what do you say?
ア. Wrong number.　　イ. You missed it.
ウ. I'll call back later.　　エ. Hang on, please.

問3　When you are fed up with something annoying, what do you say?
ア. I've had enough of it.　　イ. That's not the end of the story.
ウ. Good Heavens.　　エ. Good job.

問4　When you are asked whether you can attend a party, and you have to decline the invitation, what do you say?
ア. I wish I could.　イ. I hope to join.　ウ. Oops!　エ. Certainly not.

問5　Before you do something challenging, what do you say to your friend?
ア. Wish me luck.　イ. I'm sorry to hear that.
ウ. It's not my business.　エ. I wish you the best luck.

第2問　次の各文のカッコ内に入る最も適切な英語をア～エの中から選び、その記号を書きなさい。

問1　The steak was so (　　　) that I couldn't cut it with a knife easily.
ア. tender　イ. tight　ウ. hard　エ. tough

問2　Sore throat is a (　　　) of catching a cold.
ア. fundamental attitude　イ. typical symptom
ウ. fundamental cure　エ. typical syndrome

問3　I suppose it will take some time for Silvia to (　　　) of her husband's death.
ア. overestimate the aftershock　イ. take over the role
ウ. overcome the shock　エ. overhear the news

問4　Please (　　　) smoking. This is an area where smoking is prohibited.
ア. endure by　イ. enjoy yourself by
ウ. refrain from　エ. relax by

問5　Whenever Mariko eats chocolate brownie, it brings back warm childhood memories because it was her (　　　) while living in the village.
ア. special device to keep warm　イ. local dialect
ウ. rural desert　エ. favorite dessert

問6　If our school team wins the final game of the high school soccer tournament, I think it will truly (　　　). We have to look for a good place in advance.
ア. deserve the celebration party　イ. deserve the pay raise
ウ. disappoint the players　エ. describe the game on TV

問7　This smart watch is (　　　) the users' health conditions, and therefore you can get your health data just by wearing it around your wrist.
ア. devised by carmakers to ignore
イ. developed to sell only online for
ウ. made with many functions in it to deteriorate
エ. designed to record automatically

問8　My child sometimes became so sleepy while I read aloud the picture books in bed that he could (　　　) keep his eyes open.
ア. intentionally　イ. barely　ウ. successfully　エ. almost

問9　I hear Mary's oldest son takes care of his little sister when she is busy with work. He is (　) for his age.
　ア. mature　　イ. innocent　　ウ. slow　　エ. childish

問10　James bows quite often after he came back from Japan. It seems he (　　) while studying there.
　ア. broke the bad habit　　イ. adopted the habit
　ウ. ignored the good habit　　エ. acquired the method

第3問　次の①～⑩に入る最も適切な英語をア～エの中から選び、その記号を書きなさい。

問1　Child: (　①　)
Mom: Yes, but only if you finish your dinner.
　ア. Can we keep a dog?
　イ. May I have an ice cream?
　ウ. Will you bring me to school?
　エ. Will you help me off with this wet T-shirt?

問2　Stage director: I was so impressed by your performance tonight.
Ballet dancer: (　②　) Some critics did not seem to like my performance tonight.
　ア. I'm so glad to hear you say so.
　イ. Are you a beginner?
　ウ. Have we met before?
　エ. You shouldn't have done this.

問3　Teacher: Put the scissors away when you have finished.
Pupil: (　③　) I saw Tom cutting a sheet of paper.
　ア. Sooner or later.
　イ. By all means.
　ウ. I am sorry.
　エ. I didn't use the scissors.

問4　Innkeeper: (　④　)
Guest: Yes, I am. I can't eat shrimps.
　ア. Here is your room key. I hope you will enjoy your stay here.
　イ. Now, please be seated. Was there heavy traffic on the road?
　ウ. Now, about your dinner tonight. Are you allergic to some food?
　エ. Is everything OK with you? How do you like the room?

問5　Car dealer: (　⑤　)
Customer: Brilliant! Can I drive the car now?
　ア. What is wrong with your car?
　イ. Which color do you prefer? We have grey, blue and brown.
　ウ. How do you like the design of our new model?
　エ. The special discount campaign is over.

問6　Daughter: How about going out to see a romantic movie tonight?
Mom:　　　You'd better ask your boyfriend to go with you.
Daughter: I'd rather go with you. Because I've spent all of my monthly allowance.
Mom: (　⑥　)
ア. You are not getting along well with your boyfriend.
イ. You think I'm an awful Mom.
ウ. You want to buy me dinner.
エ. You just want me to pay for the ticket.

問7　Younger sister: Will you help me with my homework?
Elder brother:　You should do it yourself. (　⑦　)
Younger sister: If you don't help me, I might tell Mom about your mischief at school.
ア. Show it to me.
イ. What is the problem?
ウ. I want to go out now.
エ. Which subject is it?

問8　Child:　Where are we now? I've had a good sleep.
Father: (　⑧　) You can see our new house over there.
ア. Don't worry yourself about that.
イ. Very close to the destination.
ウ. Keep your mouth shut.
エ. What are you talking about?

問9　Husband: How did you like the restaurant we visited last night?
Wife:　　　Not bad. (　⑨　)
ア. It was too expensive.
イ. All the dishes were too hot for me.
ウ. The price was quite reasonable, too.
エ. There was no music.

問10　Father: Why did you take such a busy part-time job this summer?
Son:　　(　⑩　)
ア. Because I have to finish writing the book during the summer.
イ. Because it is a well-paid job.
ウ. Because many friends plan to visit my house during the summer.
エ. Because time is money.

第4問　次の対話文を読み、後の問いに答えなさい。

Cathy, a guest from England, is visiting our campus in Kamakura. Jane and her friend Tomoko are planning to take her around the university. On the cell phone, they are discussing the best tourist spot, place to eat, and souvenir to buy.

Jane: Hello, is this Tomoko's number?
Tomoko: Speaking.
Jane: Hi, Tomoko. Cathy is coming to our campus at ten tomorrow. We should show her around. But Kamakura is not my hometown. (　①　)
Tomoko: How about taking her to the Great Buddha? It's quite near here. (　②　)
Jane: Yeah. It weighs 121 tons and it is 11 meters high.
Tomoko: Where do you think we should go for lunch?
Jane: Well, the revolving sushi-bar is the best choice, I think.
Tomoko: No, no. We don't have it near Kamakura station, and listen. (　③　)
Jane: Really? So, what about the tempura restaurant? (　④　)
Tomoko: Sounds good. That's really Japanese and suits her taste.
Jane: And what kind of [　　　　] does she want to get for her friends?
Tomoko: In her letter, she says she likes small and reasonable ones with Japanese design.
Jane: OK. Let's take her to the 100 yen shop along the Campus Street. (　⑤　) Maybe she likes them.
Tomoko: Good idea! So, I'll meet you at nine in front of the main gate tomorrow.
Jane: I got it. Bye.

問1　カッコ①～⑤に入る最も適切な英語をア～カの中から選び、その記号を書きなさい。

ア. I heard she doesn't eat raw fish.
イ. It contains seafood but it is fried in oil.
ウ. Why don't we show her Japanese folding fans?
エ. It has a big impact.
オ. Do you have any idea?
カ. She likes to wear 'Kimono' for sure.

問2　[　　　　]の中に入る最も適切な英語を英文の中から探し、1語で答えなさい。

問3　次のア～エの英文で対話文の内容に一致しているものを1つ選び、その記号を書きなさい。

ア. Tomoko is planning to treat Cathy to lunch at the revolving sushi-bar.
イ. Neither Tomoko nor Cathy likes tempura better than sushi.
ウ. Cathy wants to buy expensive Japanese Kimonos for her friends.
エ. Jane and Tomoko have enough time to spare before they meet Cathy.

第5問　次のア～シの英単語の説明として最も適切なものを①～⑫の中から選び、その番号を書きなさい。

ア air　イ earth　ウ fire　エ heaven　オ hell　カ ice
キ moon　ク rain　ケ snow　コ sun　サ water　シ wind

① the star that shines in the sky during the day
② the place believed to be the home of God
③ the hard surface of the world that is not the sea or the sky
④ the place believed to be the home of devils
⑤ the round object that moves around the earth and shines at night
⑥ air that moves quickly as a result of natural forces
⑦ the mixture of gases that surrounds the earth
⑧ water that falls from the sky in separate drops
⑨ the flames that are produced when something burns
⑩ a liquid without color, smell or taste
⑪ small soft white pieces of frozen water that fall from the sky
⑫ water that has frozen and become solid

第6問　次の英文を読み、後の問いに答えなさい。

[*1]Immersion programs focusing on Spanish and other languages such as French, German and Chinese are increasing in the United States, as are more traditional programs in second-language learning in elementary schools. In fact, 25 percent of all U.S. public and private elementary schools offered foreign language instruction in 2010, according to the Center for Applied Linguistics. The Washington, D.C.-based organization tracks language study in the U.S. Many of the programs are immersion programs where children are taught in English for part of the day, and in another language at other times. French immersion programs have been popular in Canadian schools for many years, and in the U.S., many school districts offer them to encourage language learning.

But as much as educators and many parents (　①　) a strong approach and increasing interest in foreign-language learning, it is not available in every school district. And the U.S. is still far behind many European countries, where young children are required to begin learning a foreign language before the age of 9. In several countries, students are required to learn a second foreign language soon after that, says Nancy Rhodes, senior foreign language education consultant for the Center for Applied Linguistics.

According to the most current U.S. Department of Education statistics regarding second-language learning, Spanish overall was the most in-demand language in 2009, with French coming in second, Rhodes says. "There also continues to be interest in learning Chinese and Arabic," she adds.

Theresa Bruns, director of professional development at Middlebury Interactive Languages in Middlebury, Vt., says children have an advantage when learning a second language because their brains are still developing, which gives them the capacity to more easily acquire the language. Another possible advantage of having more than one language under one's belt: A study published in 2014 in [*2]the Annals of Neurology by researchers at the University of Edinburgh indicates that knowing another language might slow [*3]the onset of dementia later in life. In addition to the intellectual and potential health benefits that learning a second language might offer, globalization provides another motive to speak another language as more Americans decide to travel, study or work overseas.

（中略）

It can be difficult to advocate for language learning in lower grades because a second language is not required by schools in most states. But experts say it is important for parents to (　②　) school boards, administrators and even local politicians to include language learning in their children's schools for reasons that range from preserving native languages to serving a specific community. In New York City, for example, the first bilingual program in Urdu will begin this fall in Brooklyn, in part to address the needs and interests of local speakers of Urdu, which is the official language of Pakistan and is also spoken in many parts of India.

There are some parents who want their children to learn another language even earlier than in elementary school. Emily Abdallah, a middle school teacher at an independent school in New York City, decided that her 3-year-old daughter, Aria, would benefit by attending the Maryel International School, a private school also in New York City, where Spanish is spoken almost (　③　). Abdallah plans to enroll her younger daughter, now 2, at Maryel next year.

"I want my children to be able to access their culture — to truly do so they need to speak the language," she says. "Although my parents are both Spanish speakers, they taught us English and didn't speak Spanish. At the time, the goal was [*4]assimilation and the avoidance of having an accent. Now that I know that notion was incorrect, I want to do everything I can to have my kids have the chance to experience being (　④　)."

(Claudia M. Caruana, *USA TODAY Back To School*, July 22, 2017　一部改変)

注）[*1] immersion: イマージョン教育（学習中の言語のみを用いて集中的に習得させる方法）
[*2] the Annals of Neurology: 神経学会誌　[*3] the onset of dementia: 認知症の発症
[*4] assimilation: （社会などへの）同化

問1　カッコ①〜③に入る最も適切な英語をア〜エの中から選び、その記号を書きなさい。

① ア. applaud　イ. provide　ウ. disgust　エ. withdraw
② ア. display　イ. treat　ウ. infect　エ. urge
③ ア. immediately　イ. exclusively　ウ. repeatedly　エ. eventually

問2　次の(1)〜(2)に続く英語として最も適切なものをア〜エの中から選び、その記号を書きなさい。

(1) One of the benefits of learning a second language at an early age is that

＿＿＿＿＿＿＿＿＿＿＿＿＿＿＿＿.

ア. children's brains are still developing

イ. children's ability to acquire a language is low
ウ. it might slow the onset of dementia later in life
エ. it can address the needs and interests of local speakers

(2) In the U.S., ＿＿＿＿＿＿＿＿＿＿＿＿＿＿＿＿＿＿＿＿＿＿＿＿＿＿＿＿＿＿.

ア. foreign-language learning is still far behind many European countries, where children start to learn a foreign language before elementary school
イ. foreign-language learning is not available in every elementary school because it is not required by schools in most states
ウ. most parents want their children to enroll in immersion programs focusing on Spanish and other languages such as French, German and Chinese
エ. most parents don't want their children to learn another language in elementary school because it can be very difficult for schools to find a good teacher

問３　本文の内容に合うように、カッコ④に入る適切な英語を本文から１語抜き出しなさい。

理科

◀化学基礎・化学▶

(60分)

(注意)必要があれば、次の値を使用しなさい。
原子量 H:1、C:12、O:16、Ne:20、Na:23、P:31、S:32、Cl:35.5、K:39、Mn:55

第1問 次の文章を読み、以下の問い(問1～4)に答えなさい。

環境中に排出された化学物質によって、人体や環境に影響を与える可能性を化学物質の(ア)という。(ア)の大きさは、その化学物質が、「どのような(イ)を有し」、「どの程度、人体や動植物に摂取されるのか(摂取量)」の関係で決められる。

「(ア)の大きさ」＝「(イ)」×「摂取量」 ・・・・ (1)

そして、(ア)の大きさがある値をこえると人体や環境に不利な影響を及ぼすことになる。このため、新しく開発された化学物質は、様々な研究により(ア)の大きさが評価される。

問1 上の文章中の空欄(ア)と(イ)にあてはまる最も適切な語句を答えなさい。

問2 上の文章中の(イ)を示す値について、耐用一日摂取量(TDI：Tolerable Daily Intake)などが用いられる。このTDIは、ヒトが(a)害がないとされる量から決められる。(a)にあてはまる文章は、以下の文章のどれが最も適切か、①～⑤の番号で答えなさい。

① 毎日、1ヶ月間、摂取し続けても
② 毎日、3ヶ月間、摂取し続けても
③ 毎日、1年間、摂取し続けても
④ 毎日、一生涯、摂取し続けても

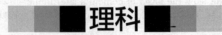

⑤ 随時(好きな時に好きなだけ)、摂取しても

問 3　私たちにとって、身近な化学物質のひとつに食品添加物があげられる。以下に示した、食品添加物と効果の関係のうち、間違っている組み合わせを選び、①〜⑤の番号で答えなさい。

① 調味料　－　味を調える
② 甘味料　－　甘さを加える
③ 着色料　－　色を整える
④ 香料　－　臭いを抑える
⑤ 酸化防止剤　－　酸化を防ぐ

問 4　現代において、食品には保存料と呼ばれる食品添加物が添加されていることがある。この保存料を加えた結果、より食中毒の危険を回避することができることになるが、その理由を簡潔に答えなさい。

第2問　次の問い(問 1 〜 4)に答えなさい。

問 1　質量パーセント濃度が 40%、密度が 1.3 g /cm^3 の希硫酸がある。この希硫酸 1.0 L の質量は何 g か、答えなさい。

問 2　この希硫酸 1.0 L には硫酸が何 g 含まれているか、答えなさい。

問 3　この希硫酸のモル濃度(mol/L)はいくらか、有効数字 2 桁で答えなさい。

問 4　密度が d (g/cm^3)である市販の濃塩酸(質量パーセント濃度を A% とする)を水で薄めて 1.0mol/L の希塩酸 500mL をつくりたい。この希塩酸をつくるのに必要な市販の濃塩酸の体積 V (mL)を答えなさい。

第3問 次の実験について、以下の問い(問1～7)に答えなさい。

(実験1) シュウ酸二水和物の粉末を精密な天秤で測り、これを水に溶解して0.0500mol/Lのシュウ酸水溶液50.0mLを正確に調整した。

(実験2) 0.0500mol/Lのシュウ酸水溶液50.0mLに少量の硫酸を加え、濃度不明の過マンガン酸カリウム水溶液で滴定したところ、過マンガン酸カリウム水溶液をちょうど40.0mL加えたところで終点に達した。

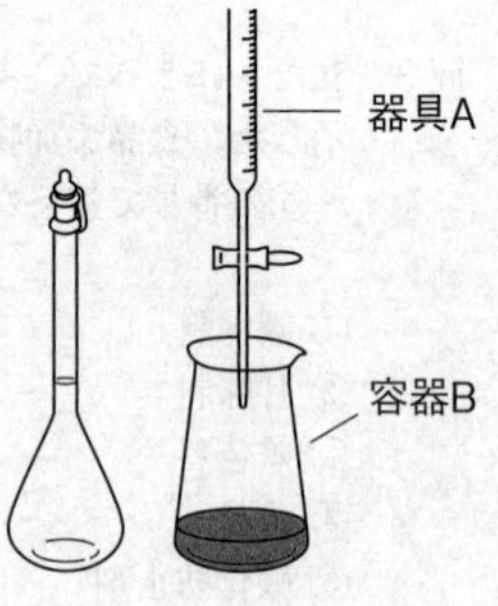

図1 図2

問1 実験1において、0.0500mol/Lのシュウ酸水溶液を正確に50.0mL調整する場合、図1の容器を用いる。この容器の一般的な名称を答えなさい。

問2 実験1において、図1の容器に水を加える際、水はどこまで入れるべきか。下の図の(a)～(c)より選び、(a)～(c)の記号で答えなさい。

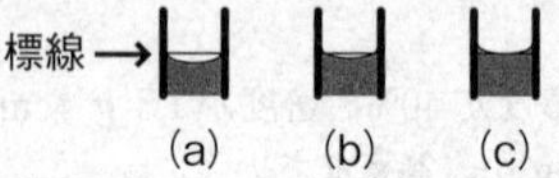

問3 実験1において、0.0500mol/Lのシュウ酸水溶液を正確に50.0mL調整する場合、シュウ酸二水和物の粉末を何g溶解するべきか。有効数字3桁で答えなさい。

問4 実験2において、滴定では図2のような装置を用いるが、図2の器具Aの一般的な名称を答えなさい。また、この実験において、シュウ酸水溶液は、器具Aか容器Bのどちらに入れるべきか。AまたはBの記号で答えなさい。

問5 実験2において、シュウ酸に起こる反応と、過マンガン酸カリウムに起こる反応を、それぞれイオン式で答えなさい。

問6 実験2において、滴定が終点に達したとわかる理由を、簡潔に答えなさい。

問7 実験2で用いた過マンガン酸カリウム水溶液のモル濃度(mol/L)を、有効数字3桁で答えなさい。

第4問　次の文章を読み、以下の問い(問１～5)に答えなさい。

リンの(　ア　)には、黄リンや赤リンなどが知られている。①黄リンは空気中で自然発火して、十酸化四リンを生じる。そのため、(　イ　)に保存される。黄リンは、きわめて有毒であり、空気を断って約 250℃に加熱すると、(　ア　)の赤リンになる。赤リンは無毒であり、点火すると燃えて十酸化四リンになる。赤リンは、医薬、農薬の原料や、マッチの箱側の発火剤に用いられる。

十酸化四リンは、(　ウ　)粉末で、吸湿性が強く、乾燥材や脱水剤として利用される。②十酸化四リンを水に溶かして加熱すると、リン酸になる。

リン酸は、(　エ　)の結晶で、潮解性が強く、水によく溶ける。水溶液中では電離して酸性を示す。

リン酸カルシウムは、(　オ　)や歯、リン鉱石の主成分である。③リン酸カルシウムは、硫酸と反応させて、水溶性のリン酸二水素カルシウムに変えられ、このとき得られる硫酸カルシウムとの混合物は、リン酸肥料(過リン酸石灰)として用いられる。一方、④リン酸カルシウムとリン酸を反応させても、リン酸二水素カルシウムが生成され、硫酸カルシウムを含まない重過リン酸石灰として肥料に用いられている。

問１　ア～オに入る適切な語句を、語群から選んで答えなさい。

【語群】

無色	同位体	骨	エタノール中	赤色
エーテル中	同素体	緑色	黄色	水中
コラーゲン	白色	異性体	髪	黒色

問２　下線部①の反応を、化学反応式で答えなさい。

問３　下線部②の反応を、化学反応式で答えなさい。

問４　下線部③の反応を、化学反応式で答えなさい。

問５　下線部④の反応を、化学反応式で答えなさい。

第5問　次の実験について、以下の問い(問1～4)に答えなさい。

Fe^{2+}、Ba^{2+}、Pb^{2+}、Zn^{2+}、Al^{3+}　の5つの陽イオンを別々に入れた試験管A～Eがある。この試験管について次の[実験①～⑤]を行った。

[実験]

① 希硫酸を加えるとAとEに沈殿が生じた。
② アンモニア水を加えるとA～Dに沈殿が生じ、さらに過剰のアンモニア水を加えるとDの沈殿が溶解した。
③ 水酸化ナトリウム水溶液を加えるとA～Dに沈殿が生じ、さらに過剰の水酸化ナトリウム水溶液を加えるとA、B、Dの沈殿が溶解した。
④ 希塩酸を加えるとAに沈殿が生じた。
⑤ 炎色反応を行うとEが炎色反応を示した。

問1　これらの試験管A～Eに含まれる陽イオンをそれぞれイオン式で答えなさい。

問2　実験③の試験管Bについて、(ア)沈殿が生じた反応と(イ)溶解した反応をそれぞれイオン反応式で答えなさい。

問3　Pb^{2+} を含む水溶液にクロム酸カリウムを加えると沈殿が生じた。この反応をイオン反応式で答えなさい。また、この沈殿物の名称と色を答えなさい。

問4　上記の5つの陽イオンのうち、硫化水素で(ウ)酸性水溶液中でも塩基性水溶液中でも硫化物の沈殿が生じる陽イオンをイオン式で答えなさい。また、(エ)中性または塩基性水溶液中のみ硫化物の沈殿が生じる陽イオンをイオン式で答えなさい。

第6問　芳香族化合物について、以下の問い(問1～6)に答えなさい。ただし、ベンゼン環は  で、官能基は示性式で記述することとする。

問1　ベンゼンに次の官能基が1個置換した化合物の名称(慣用名)を答えなさい。

(1) ヒドロキシ基
(2) カルボキシ基
(3) メチル基
(4) アミノ基

問2　問1(1)の化合物の水溶液中での反応式を答えなさい。

問3　問1(2)の化合物を得るためには、(3)の化合物を(　a　)水溶液で酸化すると得られる。
(　a　)に入る適切な化合物の名称と化学式を答えなさい。

問4　問1(4)の化合物は、工業的にニトロベンゼンをニッケルあるいは白金を触媒として高温で還元することで得られる。この反応式を答えなさい。

問5　問1(4)の化合物の無水酢酸によるアセチル化化合物の名称と示性式を答えなさい。

問6　問5の反応で生成した化合物は、医薬品として用いられていた。その効果は次のうちどれか答えなさい。

・麻酔作用　　・保湿作用　　・解熱作用　　・制酸作用　　・殺菌作用

◀生物基礎・生物▶

(60分)

第1問　次の文章を読み、以下の問い(問１～６)に答えなさい。

タマネギの根端の体細胞分裂を観察するため、以下の手順の実験を行った。

① タマネギの底部を水に浸して発根させ、その根端を約１cm切り取った。
② 根端を、冷却した45%酢酸または酢酸アルコールに５分間浸した。
③ 根端を取り出し、60℃に保った3%(　ア　)に５分間浸した。
④ 根端を取り出し、蒸留水ですすぎ、スライドガラスの上に置いた。
⑤ 根端の先端部分を約3mm、安全カミソリで切り取り、余分な部分を取り除いた。
⑥ (　イ　)液を１滴落とし、10分間放置した。
⑦ カバーガラスをかけ、濾紙《ろし》で覆って親指で上から強く押しつぶした。
⑧ 薄く赤色に染まっている部分を顕微鏡で観察した。

問１　文章中の(　ア　)と(　イ　)の空欄にあてはまる最も適切な語句をそれぞれ答えなさい。

問２　文章中の②の操作を何と呼ぶか、その名称を答えなさい。

問３　文章中の③の操作により、細胞壁同士の接着がどうなると考えられるか、「○○する」のように答えなさい。

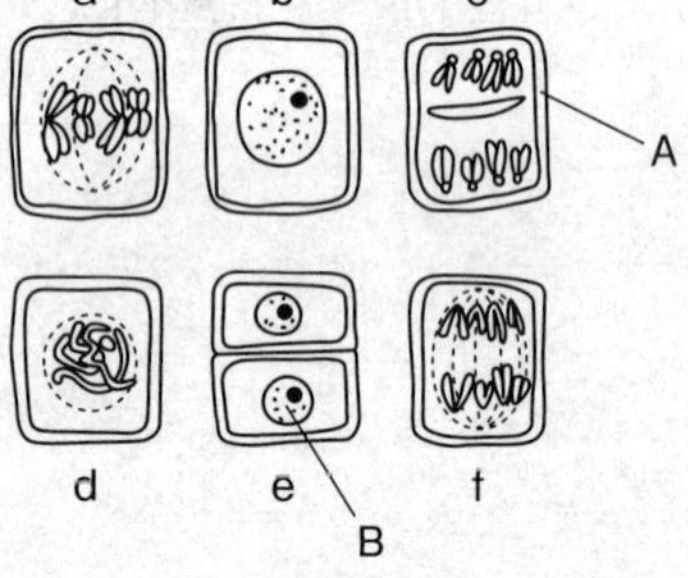

図1

問４　観察像をスケッチしたところ、図１のように、細胞周期のさまざまな時期にあると思われる細胞が区別できた。AとBの名称をそれぞれ答えなさい。

問5　図1中の細胞 a ～ f を時期の早い順番に並べ、記号で答えなさい。ただし、b から始まるようにすること。

問6　表1は、図1の細胞 a ～ f と同じ時期に分類できる細胞の個数を、3人がそれぞれ顕微鏡で観察し、同一視野の中で数え上げて合計した結果である。タマネギの根端細胞の細胞周期を25時間と仮定すると、a の時期は何時間と推定できるか答えなさい。ただし、各細胞の分裂は独立して開始・進行するものとし、解答は小数第二位を四捨五入して小数第一位まで求めること。

表1

細胞	観察された数(個)
a	15
b, e	427
c	9
d	42
f	7
合計	500

第2問　次の文章(A)と(B)を読み、以下の問い(問1～4)に答えなさい。

(A)　1590 年にヤンセン父子によって発明された顕微鏡は、細胞の構造を解明し、生命活動における細胞の働きを明らかにしてきた。1873 年にシュナイダーは扁形動物の細胞で紡錘糸がみられる有糸分裂を顕微鏡下で観察した。1879 年にフレミングがサンショウウオの細胞内にアニリン染料で染色される構造をクロマチンと名付け、クロマチンが細胞分裂中に線状にまとまり縦に裂けて分裂する有糸分裂を観察した。クロマチンが線状にまとまったものが真核生物の核膜内にある染色体であり、DNA を含む。細胞小器官である[i]は色素を持つことから 1837 年にモールによって発見されたが、別の細胞小器官である[ii]は 1890 年にアルトマンが染色体の染色手法とは異なる手法を開発して発見に至った。顕微鏡下ではいずれの細胞小器官にも DNA が含まれることが確認されていたが、1963 年にセイガーと石田が[i]の DNA を 1964 年にラックとライヒが[ii]の DNA を単離し、独自の DNA をもつことが確認された。この発見は、1967 年にマーギュリスが提唱した[iii]説、すなわち真核生物が現れたとき、別の原核生物であった[iv]が共生して[ii]となり原始的な動物細胞が出現し、さらに[v]が共生して[i]となり原始的な植物細胞が出現したという説の根拠の一つである。また、染色体は DNA と[vi]の一種であるヒストンとの複合体であるが、[i]と[ii]の DNA 構造はこれと異なるために別の染色手法が必要である。

(B)　1871 年にミーシャーは白血球細胞から抽出した物質をヌクレインと名付け、これを単離する方法を報告した。現在、このヌクレインは核酸(DNA と RNA)とヒストンなどを含む混合物であることがわかっている。1948 年にボアヴァンらは生物ごとに染色体に含まれる DNA 量が同じであることを確認し、1949 年にシャルガフは DNA に含まれる 4 種類の塩基のうちアデニン(A)とチミン(T)の量と、グアニン(G)とシトシン(C)の量がそれぞれ同じであることを証明した。これらのさまざまな先行する研究成果にヒントを得て、1952 年にワトソンとクリックが DNA の二重らせん構造を提唱した。核酸である DNA と RNA の基本構造は共通である。糖とリン酸が直鎖状に結合し、糖に塩基が結合した構造をもつ。糖は DNA では［ 1 ］、RNA では［ 2 ］であり、異なる分子構造をもつ。塩基は DNA には A、C、G、T の 4 塩基が含まれるが、RNA には［ 3 ］がなく、代わりに［ 4 ］があり、他の 3 塩基は DNA と共通である。シャルガフの結果から、ワトソンとクリックは DNA の二重らせん構造の内側で向かい合う塩基は分子の大きさと水素結合の数によって組み合わせが決まる［ 5 ］性をもつと考えた。このために DNA は半保存的に複製されたり、遺伝情報を含む DNA の塩基配列に［ 5 ］的な配列をもつ RNA が合成されたりする。遺伝情報は DNA から RNA に写し取られ、アミノ酸配列に置き換えられてタンパク質が合成される。1958 年にクリックはこの遺伝情報の伝達の流れをセントラルドグマと名付けた。DNA から RNA に遺伝情報が写し取られることを［ 6 ］、塩基配列がアミノ酸配列に置き換わることを［ 7 ］という。 現在、DNA がもつ(1)ゲノム情報を解明する研究がさまざまな生物を対象に盛んに進められている。

　なお、塩基の 1 つである［ 8 ］、糖である［ 2 ］、および 3 つのリン酸が結合した物質は［ 9 ］であり、エネルギーの受け渡しの役割を担っている。真核細胞では［ 10 ］で［ 9 ］を大量につくり出す反応が起こっている。

問 1　文章 A の空欄［ i ］～［ vi ］に入る最も適切な語句を答えなさい。

問 2　文章 B の空欄［ 1 ］～［ 10 ］に入る最も適切な語句を答えなさい。

問 3　文章 B 中の下線部(1)のゲノムを説明する文として適切なものを次の①～⑥から 2 つ選び、番号で答えなさい。

① ゲノムとは遺伝子のことで、ヒトの場合は細胞核にある 20,000 ～ 25,000 程度あるとされる遺伝子のすべてのことである。

② ゲノムとは遺伝情報に基づいて合成されるタンパク質のことで、生命活動の中心を担っているために基礎研究や応用研究で重視される。

③ ヒトゲノムとはふつう配偶子に含まれる染色体を構成する DNA のことで、その塩基対は約 30 億あるが、DNA のすべての塩基配列がヒトの細胞内で遺伝子の働きがあるわけではない。

④ ヒトゲノムは 2003 年に初めて一人分の解析が終了したが、それ以降はほと

んど進んでおらず、数多くの生物種のゲノム解析が優先的に進められている。

⑤ 私たちの体細胞の核内にあるゲノムは、母方から卵に含まれた1組と父方から精子に含まれた1組をそれぞれ受け継ぎ、2組のゲノムがセットになっている。

⑥ ヒトと系統関係がもっとも近い動物であるチンパンジーのゲノムとヒトのゲノムを比較することは、進化の歴史を解明することに役立つが、医学・薬学的な研究にはまったく役立たない。

問4　コムギのゲノムのサイズは170億(1.7×10^{10})塩基対と推定されている。GC含量(GとCを合わせた量)が45.5%であるとして、A、C、G、Tの塩基数をそれぞれ答えなさい。

第3問　次の文章を読み、以下の問い(問1～3)に答えなさい。

生産者は無機物から自ら有機物を合成する生物であり、消費者は生産者から有機物を得る生物である。生産者である植物は、光合成によりでんぷんなどの有機物を合成している。一定面積に存在する生産者が一定期間内に光合成によって生産する有機物の総量を[　ア　]という。生産者は、自らも呼吸によって有機物を消費する。総生産量から呼吸によって消費される量([　イ　])を差し引いたものが、生産者の純生産量となる。生産者の植物体の枯れ落ちる量を[　ウ　]という。

消費者である動物などが植物を食べることによって有機物は動物に流れる。生産者が、一次消費者に食べられる量を[　エ　]という。消費者のうち、植物食性動物を一次消費者、動物食性動物を二次消費者という。

問1　文章中の空欄[　ア　]～[　エ　]に入る最も適切な語句を次の(i)～(viii)からそれぞれ選び、記号で答えなさい。

(i) 成長量　　(ii) 呼吸量　　(iii) 死滅量　　(iv) 総生産量
(v) 不消化排出量　　(vi) 被食量　　(vii) エネルギー　　(viii) 枯死量

問2　生産者と消費者の成長量について、以下の式の[　①　]から[　⑥　]の空欄に入る最も適切な語句を問1の選択肢(i)～(viii)から選び、記号で答えなさい。同じ記号を繰り返し使ってもよい。また、[　①　]と[　②　]、および、[　③　]～[　⑥　]の順序は問わない。

生産者：成長量＝純生産量－([　①　]＋[　②　])
消費者：成長量＝摂食量　－([　③　]＋[　④　]＋[　⑤　]＋[　⑥　])

問3　ある森林では1年間あたりに1.58 kg/m^{2}の有機物が蓄積され、これは純生産量の70％に相当した。呼吸量は1年間あたりで2.87 kg/m^{2}であった。この森林における1年間あたりの総生産量を求めなさい。答えは小数第三位を四捨五入して、小数第二位まで答えなさい。

第4問　次の(A)と(B)の文章を読み、以下の問い(問1～7)に答えなさい。

(A)　近縁種であるクシイモリとスジイモリの胚は、細胞や組織の色が異なるため、組織片の由来を区別することができる。いまクシイモリの初期原腸胚のある部分を、同じ時期のスジイモリの胚の予定表皮域に移植したところ、移植片を中心に二次胚が生じた。

問1　図1は初期原腸胚の原基分布図である。(A)の実験では、クシイモリの胚のどの部分を、スジイモリの胚のどの部分へ移植したのか、図1中のa～fの記号を用いて、「aからbへ」のように答えなさい。

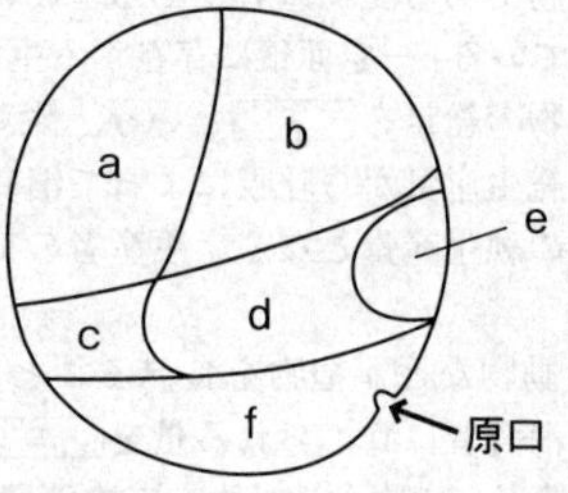

図1

問2　(A)の成果を1924年に連名発表した学者2名のうち1名の名前を答えなさい。

問3　初期原腸胚の原口背唇部は、神経胚期には主に何に分化する発生運命となっているか、その名称を答えなさい。

問4　二次胚の次の①～③の部分が、「移植片の細胞から形成されている」場合は「ア」、「宿主の細胞から形成されている」場合は「イ」のように、それぞれ答えなさい。

①　腸管　　　②　神経管の外側部分　　　③　脊索

(B)　脊椎動物の神経胚後期には、神経管の前方に脳が分化する。脳は左右が膨らんで(　1　)を形成し、各々の先端がくぼんで眼杯を生じる。やがて、眼杯は表皮から(　2　)を誘導し、(　2　)は表皮から(　3　)を誘導する。眼杯自身は(　4　)に分化する。

問5　(B)の文章中の(　1　)～(　4　)にあてはまる最も適切な語句を答えなさい。

問6　(B)の文章中の(　2　)のように、誘導の働きをもつものを何と呼ぶか、その名称を答えなさい。

問7　誘導について述べた次の文章中の(　i　)～(　iii　)にあてはまる最も適切な語句を答えなさい。

> 細胞は、周囲の細胞との(　i　)によって、特定の組織に分化する。このような胚のある領域が(　ii　)する他の領域に作用してその分化を引き起こす働きを誘導と呼ぶ。動物の発生過程においては、誘導の(　iii　)によって複雑な構造が作られる。

第5問　次の文章を読み、以下の問い(問1～4)に答えなさい。

聴覚器は、外耳、中耳、内耳の3つの領域に分けられる。空気の振動である音波は、［　ア　］を伝わり鼓膜を振動させる。鼓膜の振動は、［　イ　］で増幅され、うずまき管に伝わり、さらに、うずまき管内の［　ウ　］を介して［　エ　］を振動させる。［　エ　］が振動するとその上のコルチ器が振動し、［　オ　］に接している聴細胞の感覚毛が刺激を受けて、聴細胞に興奮が生じる。基底膜は、先端にいくほど［　a　］なっており、周波数の［　b　］音で振動する。音の高さによって聴細胞の興奮する位置が異なり、この位置の違いが聴覚中枢の異なる部位に伝えられて音の高低が識別される。

問1　文章中の空欄［　ア　］～［　オ　］に入る最も適切な語句を答えなさい。

問2　前庭、耳管、鼓膜、聴細胞は、外耳、中耳、内耳のいずれに含まれるか、それぞれ答えなさい。

問3　［　a　］と［　b　］に入る語句を次の(i)～(iv)からそれぞれ選び、記号で答えなさい。

(i) 狭く　(ii) 広く　(iii) 小さい　(iv) 大きい

問４　聴覚器に関連する記述として、誤っているものを次の①～⑤から２つ選び、番号で答えなさい。

① 中耳には、平衡受容器である半規管がある。
② 前庭は体の傾き、半規管は体の回転の受容に働く。
③ 耳小骨は、つち骨、きぬた骨、あぶみ骨からなる。
④ コルチ器には、おおい膜と基底膜が含まれる。
⑤ 聴覚の中枢は、大脳の皮質にある。

第6問　次の文章を読み、以下の問い(問１～３)に答えなさい。

世界人口の増加、乾燥地面積の増大に対応すべく、農作物の収量増加と生産コスト削減が食糧問題において大きな課題である。現在、主要な穀類であるイネ、トウモロコシ、コムギなどのゲノム解析が進み、遺伝情報の利用と従来からの植物ホルモンの利用による増産化・効率化の研究発展が期待されている。

問１　次の①～⑥のうち、農業現場からの要望に応じて研究開発が進み、すでに利用されているか、将来的に利用される可能性がある植物ホルモンまたは植物ホルモン阻害剤と、その働きの組み合わせとして適切なものを２つ選び、番号で答えなさい。

① 茎を食用にするモヤシを太く成長させ収量を上げたいのでエチレンで成長促進する。
② 乾燥しやすい土地で蒸散量を減らし枯死しにくい作物を育てたいのでアブシシン酸で離層形成を阻害する。
③ 風が強い土地でコムギの背丈を低くし倒伏を防ぎたいのでジベレリンで節間の成長を抑制する。
④ 昆虫による食害を減らしたいので、ジャスモン酸によって昆虫の消化阻害作用をもつ物質の合成を作物に誘導させる。
⑤ たくさんついたミカンの未熟果を摘果(間引き)したいので、サイトカイニンで離層形成を促進する。
⑥ リンゴやナシがまもなく収穫というときに落果するのを防ぎたいのでブラシノステロイド生合成阻害剤により離層形成を阻害する。

問２　さまざまな農作物で頂芽を摘芯(摘心)することで、複数の側芽(腋芽)を成長させて枝ぶりをよくし、果実の収量を上げることが行われている。(a)頂芽が側芽の成長を抑制する現象の名称と、(b)頂芽を摘芯する前のホルモンの働きと、(c)摘芯後に起こるホルモン分泌の変化について簡潔に答えなさい。

問３　次の文章中の空欄[i]〜[x]に入る最も適切な語句を答えなさい。

ダーウィン父子は1880年に「植物の運動力」という本で、イネの仲間の植物の幼葉鞘(子葉鞘)の先端部が光の差し込む向きに屈曲する[i]や根の先端部が重力の向きに屈曲する[ii]という現象を観察し、植物ホルモンの存在を予見した。[i]や[ii]の研究が進むうち、植物ホルモンとして[iii]が存在することが確かめられ、1931年にケーグルらは人尿から天然の[iii]であるIAA(インドール-3-酢酸)を単離することに成功した。1946年にハーゲンスミットらがトウモロコシ未熟種子からIAAを単離した。また分泌されたホルモンが他の物質を介して自らの分泌量を調節する[iv]や、細胞表面にホルモンの[v]があり微量でも標的細胞に作用することが確認されている。天然の[iii]は分解されやすいため、類似の効果をもつ合成[iii]が農薬などに使われてきた。イネ科など単子葉植物より双子葉植物の根に強く働き、濃度が高いと異常成長や伸長抑制するため、1950年代にはムギ畑やイネの水田で除草剤として使われたり、1960年代〜70年代前半のベトナム戦争では森林の枯死を主な目的とした枯葉剤の主成分として使用されたりした。現在、植物ホルモンは農薬として使用されているが、部位や成長の時期によって異なる作用をもたらしたり、成長促進するホルモンが、相反する[vi]的な作用をもつ成長抑制ホルモンの合成を誘導したりするために、使用には注意を要する。[iii]発見のきっかけとなった[i]や[ii]は、光や重力によって[iii]の[vii]移動が引き起こされることが原因となっていることがわかっている。光を受ける側と反対側では[viii]側に[iii]が多く分泌されて成長が[ix]され、重力が加わると根冠の細胞のアミロプラストという細胞小器官が荷重する下側に[iii]が多く分泌されて成長が[x]され、屈曲することがわかっている。

◀化学基礎・生物基礎▶

（60分）

第1問　◀化学基礎・化学▶ 第1問に同じ。

第2問　◀化学基礎・化学▶ 第2問に同じ。

第3問　◀化学基礎・化学▶ 第3問に同じ。

第4問　◀生物基礎・生物▶ 第1問に同じ。

第5問　◀生物基礎・生物▶ 第2問に同じ。

第6問　◀生物基礎・生物▶ 第3問に同じ。

問2　次の場面は、一年生のAさんが、鎌倉研究部のB先輩と話しているところである。傍線部①～④の敬語表現のうちから、**誤っているもの**を一つ選んで、番号で答えなさい。

Aさん「B先輩、おはようございます。①ご指導をよろしくお願いいたします。B先輩のご提案で次回の鎌倉研究は、長谷寺になりました。」

B先輩「ええ、そうね。長谷寺の紅葉は、赤い照明みたいにきれいだから楽しみだわ。」

Aさん「去年、B先輩が撮られたお写真が鎌倉写真展に入賞されたとCさんから②うかがいました。」

B先輩「そうなの。Cさんが水面に映る紅葉が幻想的ね、とうれしそうなのでこの池をたくさん撮影したのよ。それがよかったみたい。」

（B先輩がAさんにカメラ画像を見せる）

Aさん「水面に映る紅葉が中心で素晴らしいですね。他の画像も③拝見してよろしいでしょうか。」

B先輩「ええ、どうぞ。」

Aさん「こちらの海の画像も長谷寺で撮影されたのでしょうか。見晴らしがよさそうです。初夏にもご一緒したいです。」

B先輩「初夏の長谷寺から見る海もきれいよ。今回は、紅葉の色彩を楽しみましょう。長谷寺の歴史資料を確認しますね。」

（Aさんが当日の資料をB先輩に見せる。直すところや追加部分を教えてもらう。）

Aさん「はい、直しておきます。当日のお昼のご相談ですが、懐石ランチと天丼とどちらをB先輩は④いただきますか。」

B先輩「迷うわ。懐石ランチにしようかな。あと、歩き疲れたら前に行った古民家カフェに行きましょう。」

Aさん「はい、楽しみです。今日は、ありがとうございました。」

④　巧みな表現を踏まえて、より程度の高い言語技術で表すこと。

(2)　相対的

①　全体的にものごとをみたとき、概略的にとらえる様子。

②　他のものと比較や対立することなく成り立つ様子。

③　対面した相手と協力する様子。

④　関係のある他のものに比べて考えたときのみ成り立つ様子。

(3)　愁眉を開く

①　心配がなくなってやっと安心するさま。

②　思惑をもって、誘い掛けるさま。

③　ものごとの結果がたいそうよいさま。

④　しかめ面を笑わせようと努力するさま。

(4)　いざ鎌倉

①　状況がどうだかわからないとき。

②　名誉なこととして認められるとき。

③　重大事件が起こって、働くべきとき。

④　十六夜《いざよい》のことをいい、ためらうこと。

② 二つの話は、登場人物の性格の違いによって失敗に対する結果が大きく異なることになった。ここから、人とのコミュニケーションの難しさを「デリケート」の意味としている。
③ 二つの話の中で、「印度の王様」は恥をかかずにすんだが、「ある軍曹」は恥をかくことになった。このような恥に対する受け止め方の違いを「デリケート」の意味としている。
④ 二つの話は、登場人物が失敗するところが共通しており、その後のちょっとした配慮の差で結果が大きく異なった。ここから、常に細心の注意が必要であることを「デリケート」の意味としている。

問９　傍線部Ｇ「こんな例」とはどのような例か。本文中からその内容を説明している一文を探し、はじめの五字を抜き出して書きなさい。

【三】次の問１～２の各問いに答えなさい。

問１　次の⑴～⑷の言葉の意味として最も適当なものを、それぞれ①～④のうちから一つ選んで、番号で答えなさい。

⑴　高踏
① 物の値段が大幅に上昇して、さらに高値で取引されること。
② 言うことにとりとめがなく、根拠を踏まえないこと。
③ 俗世間に関心を持たず、程度の高い世界でけだかく生きること。

としたが、そのようなことはどこの国の礼式にもないことなので、かえって「ある軍曹」の失敗を強調する結果となった。

② 「師団長」は、正賓である「ある軍曹」の失敗に責任を感じて、フィンガー・ボールの水を飲んだのが自分の失敗であるかのように取り繕おうと考えたが、それがどこの国の礼式にもないため、かえって「ある軍曹」の失敗を強調する結果となった。

③ 「英国皇太子」は、とっさの機転がきく人物であり、また常に訪問先の礼式に合わせる心がけを持っていたために、「印度の王様」の失敗を失敗と気づかせないような対応をすることができた。

④ 「英国皇太子」は、印度の礼式の知識があったためにさりげなく肉を手づかみで取り「印度式」の宴会を演出することができたが、「師団長」は礼式の知識がなかったために「ある軍曹」に恥をかかせる結果となった。

⑤ 「英国皇太子」は、「印度の王様」の失敗に気がついてとっさに肉を手づかみでとることで、さもはじめから「印度式」の宴会であるかのように装い、「印度の王様」の失敗をなかったことにすることができた。

⑥ 「英国皇太子」は、皆に気づかれないように肉を手づかみで取ることで、「印度の王様」の失敗をなかったことにしたが、「師団長」は皆の前であからさまにフィンガー・ボールの水を飲んだことで「ある軍曹」に恥をかかせることになった。

(2) 「二つの話の区別」によって、「デリケート」はどのような意味であると考えられているか。その説明として最も適当なものを次の①〜④のうちから一つ選んで、番号で答えなさい。

① 二つの話は、「礼式」の違いによって失敗することが共通しており、その心遣いの違いで結果が大きく異なった。ここから、各国の礼式の問題の扱いづらさを「デリケート」の意味としている。

② 「夏目先生」の授業の進め方は、他の教師たちの教授法に対する皮肉であると感じたから。
③ 「夏目先生」の授業の進め方は、高等学校の教授法として最も適したものだと感じたから。
④ 「夏目先生」の授業の進め方は、日本人に英語を教える方法として最も適していると感じたから。

問6　傍線部Ｅ「先生と、みんなとの妥協」とはどういうことか。先生の授業に対する考え方と、生徒の授業に対する考え方に触れて、五十字以上六十字以内で説明しなさい。

問7　空欄［ア］〜［エ］に当てはまる語の組み合わせとして、最も適当なものを次の①〜④のうちから一つ選んで、番号で答えなさい。

① ア　だから　イ　ところが　ウ　けれども　エ　すると
② ア　すると　イ　けれども　ウ　だから　エ　ところが
③ ア　すると　イ　ところが　ウ　だから　エ　けれども
④ ア　すると　イ　けれども　ウ　ところが　エ　だから

問8　傍線部Ｆ「この二つの話の区別が解るかい。この区別が、デリケートなんだよ。」について、次の(1)と(2)の問いに答えなさい。

(1)　「この二つの話」の内容の説明として、正しいものを次の①〜⑥のうちから**二つ**選んで、番号で答えなさい。
① 「師団長」は、正賓である「ある軍曹」のために、フィンガー・ボールの水を飲むことで失敗を取り繕おう

③ 他に並ぶ者がいなくなった
④ 国内に広く知れ渡った

C 堪らないような顔
① 相手の失礼さに怒りをあらわにしている表情
② 許しがたい強い不満を感じている表情
③ 相手の恥知らずな様子にあきれている表情
④ 笑ってはいけない場でおかしさを耐えている表情

D 奇智に富んだ
① 人よりも特別に好奇心の強い
② 人よりも深く優れた知恵を持った
③ 普通の人には思いつかない知恵を持った
④ とんでもないことを成し遂げそうな

問4 波線部(a)〜(e)のうちから、品詞の種類が他と異なるものを一つ選んで、記号で答えなさい。

問5 傍線部B「こんな痛快な気のしたことはなかった」について、その理由として最も適当なものを次の①〜④のうちから一つ選んで、番号で答えなさい。
① 「夏目先生」の授業の進め方は、「私」にとって最も適した教授法であると感じたから。

問1　空欄［Ⅰ］に入る適当な四字熟語を答えなさい。

問2　次の(1)～(3)の文学史に関する各問いに答えなさい。

(1)　空欄［Ⅱ］と空欄［Ⅲ］とに共通して入る夏目漱石の作品を次の①～④のうちから一つ選んで、番号で答えなさい。

①　こころ　②　走れメロス　③　吾輩は猫である　④　三四郎

(2)　(1)の作品が連載された俳句雑誌を次の①～④のうちから一つ選んで、番号で答えなさい。

①　明星　②　スバル　③　ホトトギス　④　アララギ

(3)　夏目漱石の友人である正岡子規の弟子で、夏目漱石に(2)の雑誌へ小説の連載をすすめた俳人の名前を、次の①～④のうちから一つ選んで、番号で答えなさい。

①　高浜虚子　②　種田山頭火　③　河東碧梧桐　④　与謝野晶子

問3　傍線部A「海内に上った」、C「堪らないような顔」、D「奇智に富んだ」の本文中の意味として、最も適当なものをそれぞれ①～④のうちから一つ選んで、番号で答えなさい。

A　海内に上《あが》った

①　突然、流行した

②　国際的に有名になった

赤くして恥じ入って仕舞った、というんだよ。

いいかい、F この二つの話の区別が解るかい。この区別が、デリケートなんだよ。ね、英国皇太子のされたことは、実に美事《みごと》な機転だったんだね。いいかい、それは、肉叉をつかえば英国の礼式、手づかみにすれば、印度の礼式。そこで、印度の王様は初めは、間違えたんだが、それを皇太子はわざと、印度の礼式で王様が手づかみにされたように、取りなしたから、その晩は印度式の宴会になったんだね。ところが、この師団長は、軍曹のしくじりを取りなす積りであったのだが、フィンガー・ボールの水を飲む礼式は、どこの国にも無いんだね。それを、態々《わざわざ》演説の折に飲んで見せたんだから、軍曹の恥を明るみにさらけ出したんだね。この二つの話は、実によく似た話で、実はまるで違う話なんだね。賢愚相距《あいへだた》る三十里さ。いいかい、こういう区別を、デリケートというんだよ」

G こんな例は、数えきれない程あった。

（中略）

そう言った風で、先生について英文学を学んだ、英法三年の英語の時間は、一生忘れ難き印象を私の頭に刻んだ。

——鶴見祐輔『一高の夏目先生』——

注1　明治三十九年……十川信介による校定（『漱石追想』）では、実際は「明治三十八年」であるとされる。

注2　一高の英法……旧制の第一高等学校で、英語を専攻として法学を学ぶ科。

注3　中国訛り……この場合は、中国地方の方言。

注4　一擒一縦……意のままにあやつること。

注5　字……この場合は、英語の単語を指す。

注6　南阿戦争……ボーア戦争。南アフリカで起きた戦争。

印度太守が、ある夜、盛大な宴会を開いて、皇太子をお招きしたんだね。そのとき印度のある国の王様が、正客で、その次席が皇太子ということに、なったんだね。食卓につくと、色々の料理が出て来た。英国風に大きい皿に肉を盛って給仕が持ってきた。先《ま》ず正客の印度王に給仕人が、その大きい皿を持っていった。[ア]、その王様が皿のうちの肉叉《にくさじ》と小刀《ないふ》とを使わずに、手づかみで、皿の中から肉を攫《つか》み出して、自分の皿の上に置いた。置くときに気がついてサッと顔色を変えたんだね。[イ]、もう仕方がない。その次に、給仕人が、その大きい肉の皿を、英国皇太子に持ってゆくと、皇太子は隣席の人と話しをし乍ら、さりげなき風に、手づかみで、また肉を取って自分の皿の上に置いた。そこで、その次の人も、次の人も、みんな手づかみで肉を取った。[ウ]、肉を手づかみにするのは、印度の食事の式なんだね、[エ]、この夜の宴会は英国式をやめて、皆《みん》なが印度式でいったわけなんだね。それが英国皇太子の突嗟《とっさ》の機転から来たんだね。

もう一つ、こういう話がある。それは、ある時、たしか南阿戦争[注6]中の出来事と憶《おぼ》えているが、ある軍曹が戦場で抜群の功績を顕《あら》わしたんだね。そこで、彼の名誉を表彰するために、師団長が、旅団長、聯隊長《れんたいちょう》、その他の将校をみんな集めて、本営で宴会を開いて、この軍曹を正賓にして歓待したんだね。食事が終って、果物が出るときに、果物皿の上に、フィンガー・ボールが出たんだね。え、知ってるだろう。ガラスの小椀《こわん》に水を盛って出すんだね。手を洗うためだね。ところが、この軍曹は、フィンガー・ボールというものを、知らなかったんだね。そこで、うっかり、その小椀を取りあげて、ぐっと、水を一口飲んで、飲み乍ら、ハッと気が付いたんだね。これは仕舞った。飲む水ではないな、と、そう思って顔を赤くしたんだね。師団長は、それを見て見ぬふりをして居た。そうして、暫《しば》らくして、立って挨拶を初めたんだね。軍曹の功績を賞讃《しょうさん》して、我が師団の名誉である、とか何んとか、まあそう言った演説をしたんだね。そうして、その演説の終りに、この師団長は、それでは諸君、この某々軍曹の健康を祝う為《た》めに、杯を挙げようでは、ありませんか、と言って、自分のフィンガー・ボールを取り上げて、ぐっと飲んだんだね。するとみんなが、同じようにフィンガー・ボールを取り上げて飲んだ。すると、件《くだん》の軍曹は耳の根まで先生の教授ぶりを思い起すごとに、自分は、この当時一高の学生であった幸運を感謝する。金之助という名の示すように、先生は江戸っ子であつた。気に入らないと、一寸教壇で啖呵《たんか》位《くらい》切りかねない調子であった。そして、生徒の質問に対する返事が痛快であった。真地目《まじめ》な質問には、真地目に答えられた。拗《ひね》くった質問には、拗くって答えられた。

ある時、一人が、イン・エ・ボックス、という句を質問した。彼は、先生に対して、いつも素直でなかった。すると、先生が、

「イン・エ・ボックスか。それはね、たとえば君が、あんまり拗くれているから、親爺《おやじ》にまで嫌われて、月末に為替が来ないのさ。そうすると、下宿の払いが、出来ないだろう。そうーら、そうすると、君が、イン・エ・ボックスさ」

などと答えられた。

またある日、剽軽《ひょうきん》な生徒が、

「先生！　このイン・グッド・タイムというやつは、何《な》んですか」

と訊《き》いた。その時、丁度放課の鐘が鳴った。すると先生は、すぐ本を畳んで、

「放課の鐘が鳴ると、質問があろうが、あるまいが、教師は、イン・グッド・タイムに、部屋からさっさと、出ていった」

と言い乍《なが》ら、一同の拍手を浴びて、さっと教室から出てゆかれたりなどした。

先生の講義の一時間は、自分たちは、時の移るのを知らなかった。今まで解らずに解ったと思っていた字などを、先生は、平明にして、懇切な例《たとえ》を引いて、すっかり納得するまで話された。

ある時一人の生徒が、デリケートという字の意味を訊いた。

「そうだね。この字は全く、日本語になり悪《にく》い字だね。そう、こういう話がある。今から何年か前にね、英国のエドワード七世が、まだヴィクトリア女王の皇太子で居《お》られたときにね、印度《いんど》をご訪問になった、ことがある。

が詰《なじ》ると、だって懐中時計を買う銭がないんですから、と済ましていた――そのKが、頓狂《とんきょう》な声を出して、中国[注3]訛《なま》りで、

「初めから、おしまい迄、みな解らへん」

と言ったので、一同がドッと吹き出した。緊張した空気が一時に崩れて、気安い感じが、つと皆の胸のうちに湧いた。

夏目先生が、[Ⅲ]的な、可笑《おか》しい表情をして、Kの方を見た。

「じゃ質問をし給え」

先生が、微笑しながら。そう言われた。

「どこを質問してええか、それが解らん」

とKが、大仏様のように、平然として言った。みんなが囃《はや》すように笑った。実際みんなは、先生がこの速力で進まれたら、試験までに、どれだけ進むか知れない、と震え上ったので、Kの無神経な突撃で、議事が停頓して来たのが、うれしかったのだ。

先生はC堪《たま》らないような顔を我慢しながら、

「それでは、誰かに当てて訳させようか」

そう言って出席簿を睨《にら》み出した。一同が、雷の落ちる前のように、恐縮してしまった。その一擒一縦《いっきんいっしょう》[注4]、場面の変化は、流石《さすが》一代のユーモリストであった先生の、お手のものであった。

「先生、この二行目のオンの字[注5]は、どういう意味ですか」

あわてて、D奇智に富んだMが――彼は後に、小説家となって名をあげた――質問した。当てられては、一大事と思ったからである。すっかり見抜いていた先生は、皆の方を向いて、にっこり笑われた。それで、E先生と、みんなとの妥協が成立したのだ。

（中略）

自分たちは、みんな眼を据えて、先生の[Ⅰ]を見守っていた。後から思うと、先生は一寸てれ気味であったかも知れない。実際、先生が、[Ⅱ]、と、倫敦《ろんどん》塔とを書いて、文名一時に騒然としてA海内《かいだい》に上《あが》ったのは、その前の年であった。従《したがっ》て当時の一高生たちは、一高に夏目漱石を有することを、非常な誇りとしていた。それで先生に初めて教えられるクラスの連中は、薄気味悪い程、先生を窺《のぞ》き込んだものである。一体が感受性の鋭い先生であったから、内心は少してれて居られたろうと、今日は思う。

本を開けて、先生は(a)いきなり、読み出された。それは(b)実に歯ぎれのよい英語であった。(c)まず江戸前の英語である。今から思うと、それは純粋な英語ではなかった。日本人の英語である。しかし、当時の自分の耳には、実に(d)愉快に響いた。(e)勿論《もちろん》それは、いま自分は日本一の文豪から、英語を習っているのだ、というような、子供らしい満足の情もあった。

そして、先生が、一頁《ページ》程読んで、突如としてやめて、

「何処《どこ》か解《わか》らない処《ところ》があるかい」

と聞かれた。Bこんな痛快な気のしたことはなかった。それ迄《まで》英語や独逸《どいつ》語の教授法の、だらしなさに、うんざりしていた自分は、中学入学以来、八年目で初めて、こんな溜飲《りゅういん》の下《さが》るような先生にぶつかったのだ。先生は、生徒はみんな下読みをして来ているものと決めて、さっさと読んでいって、一頁ごとに、解らないところだけ、質問に応じようと言うんだ。高等学校の三年の英語教授法は、これが本当なんだ。そう思って、自分はぞくぞくするように嬉《うれ》しかった。

「別に質問がなければ、先を読むよ」

そう言って先生が、また先を読もうとした。

すると級中で、飄逸《ひょういつ》をもって聞えたKが——彼は試験の時、一円五十銭の大きい眼《め》ざまし時計を教室に持ち込んで、机の上へ置いて平気でかちかちやらした。お蔭《かげ》で一同が後《うしろ》から、彼の置時計を見乍《みなが》ら答案を書いた。先生

問9　本文の内容として最も適当なものはどれか、次の①～⑤のうちから一つ選んで、番号で答えなさい。

① 封建社会に安住していた日本は黒船の来航を起爆剤として目覚め、近代へと出発し始め世界の領土拡張主義時代に加わった。

② 幕藩体制により封建制が完成された形となって、徳川氏は絶対王制へ歩み始めることになる。

③ 参勤交代制は、大名の領国を独立した小国家として形成するための一端を担った。

④ 参勤交代制は、江戸の市民と武士が文化や経済において相互に関係を結ぶ一翼を担った。

⑤ 徳川時代に領国を離れた武士達は、自国の文化を江戸に持ち込み、江戸において独自の文化活動を展開した。

【二】 次の文章を読んで、後の問いに答えなさい。（なお、設問の関係上、文章の一部を改めている。）

蟬《せみ》がまだ、烙《い》りつくように啼《な》いていた。部屋の中が、むーっとするように暑かった。しかし自分たちは、ある生々《いきいき》した期待を抱いて、うれし相《そう》に待っていた。それは、明治[注1]三十九年の九月の半《なかば》ごろで、自分は一高[注2]の英法三年生であった。その当時、英法三年の教室は、煉瓦造《れんがづくり》の本館の、時計台の真下にあった。広さの割に窓の小さい、薄暗い部屋であったけれど、自分たちは、その教室の持つ歴史に対して、一種の誇りを持っていた。そうして、今日はこれから夏目先生が来られるのだ。

紺の背広の夏服を着た先生が、左小肱《ひだりこわき》に、教科書と出席簿とを抱えて、少し前かがみに、足早やに入ってこられた。漆黒な髪の毛、心持ち大きい八字髯《はちじひげ》、パッチリした眼。そして、どこか取り澄ましたように、横など向いて、出席簿を手早やに片附《かたづ》けて。鉛筆をなめて、何やら一寸《ちょっと》書き込んで。そして、教科書をパッと開かれた。

③日本語の近世という語は、近代とは連続していないことを意味している。
④明治時代と封建性の要素を持つ江戸時代は連続する要素がある。
⑤明治時代は近代化という意味において江戸時代とは断絶がある。

問6　次の文は、傍線部B「中世において〜変化していた」に関する叙述である。空欄に当てはまる最も適当な言葉を本文中から六字で抜き出して書きなさい。

傍線部B「中世において〜変化していた」とあるが、これは徳川の幕藩体制が［　（六字）　］とはちがっていることを表している。

問7　傍線部C「不可欠な要素」の意味として最も適当なものを次の①〜④のうちから一つ選んで、番号で答えなさい。

①その欠落する状況が継続しない様子。
②その有無が物事の存立に関わる内容。
③その存在が存立を阻害する内容。
④その存在により促進する効果がある様子。

問8　傍線部D「こうして江戸は、地方の多様な文化を吸収し、攪拌し、おくりだす文化のるつぼの役わりをはたしました。」とはどういうことか。本文中の言葉を用いて三十五字以上四十字以内で説明しなさい。

問1　傍線部①～⑤については、漢字の読みをひらがなで書き、傍線部(a)～(e)については、カタカナを漢字（楷書で書くこと）に改めなさい。

問2　空欄［ア］～［エ］の中に当てはまる言葉を次の①～④のうちからそれぞれ一つ選んで、番号で答えなさい。

①さらには　②たしかに　③しかし　④それでは

問3　空欄［Ⅰ］～［Ⅲ］に当てはまる適当な言葉を次の①～⑤のうちからそれぞれ一つ選んで、番号で答えなさい。

［Ⅰ］　①対義語　②同義語　③結果論　④具体例　⑤象徴

［Ⅱ］　①破壊と創造　②革新と創造　③発展と蓄積　④発展と反省　⑤繁栄と停滞

［Ⅲ］　①閉鎖的　②身分制　③威圧的　④差別的　⑤異色的

問4　二重空欄［　］に入れる最も適当な語を本文中から三字で抜き出して書きなさい。

問5　傍線部A「それは、江戸時代の封建性を強調し、明治の革新性と対照することによって、前近代と近代との非連続性におもきをおいているのです。」の考えと**合致しない**ものを次の①～⑤のうちから一つ選んで、番号で答えなさい。

①　明治時代は革新的であり、江戸時代の封建性とは異なっている。

②　江戸時代の封建性は、黒船到来を契機として明治時代に革新される。

は日本の近代国民国家の基礎の一つとなったといえるでしょう。

　江戸は地方武士のきわめて重要な集合地で、これに幕府直属の役人がくわわっていました。最盛時の一八世紀の江戸の人口は一三〇万を越え、そのうち町人は六〇万、僧侶・神官は五万人をかぞえ、のこりは武士とその家族からなっていたのです。

　武士たちは［Ⅲ］な社会を形成するのでなく、江戸の市民と関係をむすぶにいたりました。市民にしても、重要な消費人口である武士の存在なしには生業がなりたたなかったといえます。そのうえ、両者は交流の場にことかきませんでした。

　時代がすすむにつれ、町人文化のセンターであった芝居小屋で遊興する武士を見かけるのもめずらしくなくなり、武士の地位と特権を金でかう町人たちもあらわれました。明治維新に海軍大臣であった人物の父は、武士の位を買収した町人の一人でした。江戸時代の社会⑤秩序が、武士と町人の身分差とそれぞれの文化の区別のうえにきずかれていたことは、確認しておかねばなりません。しかし、しだいに、だれがどの階層に属しているのかを明言できないような状況が、おおくなっていったことも事実なのです。

　つまり、江戸は地方文化を混合する中心地であったばかりでなく、武士と町人の文化を融合し、あらたな都市文化をうみだす場でもあったのです。

――梅棹忠夫『日本とは何か』――

注1　パックス・トクガワナ……徳川氏の支配下での平和。

注2　ブルボン家……ヨーロッパの王家。フランスでは一九世紀まで続く。

注3　ブルジョアジー……資産を蓄えた階級。

将軍にひきいられる武士からなる幕府がおかれていました。江戸全期間をつうじて、天皇あるいは朝廷が現実政治に権力を行使することはなく、実質上の日本の統治者は中央行政機関を(d)サイハイしていた将軍だったのです。［エ］、まったく名目的ではありましたが、天皇の地位は原則として将軍より高位にありました。これは、明治維新前まで、日本には江戸と京都という二つの都がながいあいだ併存していたということを意味します。また江戸時代には、江戸、京都、大坂をさして「三都」という表現もよくもちいられました。大坂は経済活動の真の中心地だったのです。

江戸幕府はひじょうに中央集権的な政権で、諸藩の領主である大名に一年おきに江戸にすまわせ、将軍のもとに参勤することを強制しました。これが参勤交代制とよばれる居住地交替の制度で、大名の将軍に対する忠誠のシンボルと見なされました。各大名は、一年は自国ですごし、つぎの年にはおおぜいの家来をともなって江戸にむかい、また翌々年には自国の城にもどらねばなりませんでした。この制度は、フランスの貴族たちがベルサイユ宮に定住していたり、逆にドイツの領主が自領に定住していたのとはことなっています。

江戸にむけて領国をあとにする際、大名たちは当然ながら自領を管理する人員すべてをひきつれてゆくわけにはいかないので、おおぜいの家臣を領地に残留させておかねばなりませんでした。一方、大名は二年に一度は江戸に滞在せねばならなかったので、江戸に大名自身の邸宅をかまえ、家族や家臣たちを(e)ジョウチュウさせたのです。たしかに、大名たちにとって江戸と国という二重生活を維持することは、たいへんな財政的負担でした。しかし同時に、大量の武士の規則的で頻繁な移動は、日本全国各地の文化を紹介し、江戸文化を諸国に伝播《でんぱ》することに寄与したのです。

D こうして江戸は、地方の多様な文化を吸収し、攪拌《かくはん》し、おくりだす文化のるつぼの役わりをはたしました。

大名の領国は、それぞれが独立した小国家を形成し、独自の個性を有していました。しかし同時に、諸国は日本の中心である江戸に、参勤交代の④網の目によって緊密にむすびつけられていました。誇張ではなく、この体制るということです。ところが、日本語の近世という用語は、これとは対照的な意味をふくんでいます。[A]それは、江戸時代の封建性を強調し、明治の革新性と対照することによって、前近代と近代との非連続性におもきをおいているのです。残念ながら、このあやまった歴史理解は、外国のみならず日本国内でも②広汎に(c)シントウしているのです。

きょうのわたしの講義は、まさしく徳川の幕藩体制が中世の封建性とは根本的にことなったものであるという事実を、さまざまな角度からあきらかにすることを目的としています。江戸時代は封建主義から資本主義へのながい過渡期にあたり、ヨーロッパの歴史と比較するなら、ブルボン家[注2]の絶対王制に相当するものです。ここから、幕藩体制は徳川王朝に支配された絶対王制であるというわたし独自の解釈が導かれます。

たしかに、江戸時代にも中世の領主権は存続しており、社会階層の構成も中世と同様でした。しかし一方では、[B]中世において一個の関節のように緊密であった領主と土地の関係が、この時代には完全にばらばらになり、かつては現役の戦士であった武士も領地を管理する家臣に変化していた、ということもまた事実です。［ウ］、この時代には、社会的富の蓄積の証拠であり、資本主義の誕生に[C]不可欠な要素である、ブルジョアジー[注3]の③勃興も確認されます。したがって、江戸時代はある意味で日本資本主義の発展史における重商主義の時代であり、近代国家の初歩的段階であるとみなされるべきでしょう。

徳川時代の歴史的評価をめぐって、長年、日本内外において活発な論争が展開されてきました。対立は、一方が徳川時代を封建制のもっとも完成された洗練された体制とみなすのに対して、他方がそこに、封建制が崩壊し日本近代への移行が準備される過程を見ようとすることに由来するものです。

いずれにせよ、比較文明史の立場からすれば、徳川の幕藩体制とヨーロッパ絶対王制にはおどろくべき平行進化の現象がみとめられるのです。

江戸時代には、天皇を頂点にいただく貴族たちから構成される朝廷が京都に存在しており、他方江戸には、るのです。

[ア]、明治初期の日本が西欧からうけた衝撃は決定的なものでした。それは黒船到来によるショックがしめすとおりです。

しかし、同時にわすれてならないのは、この西洋という起爆装置が仕かけられる以前に、日本はすでにみずからの[Ⅰ]に必要なすべての準備段階を、独自のやり方によって経験していたのです。比喩をもちいるなら、日本は引火性ガスの充満した部屋のようなものだったといえます。爆発を引きおこすには、ほんのわずかな花火があればよかったのです。逆に、もし部屋にガスがなければ、どんなに火花をおくっても何の反応もおこらなかったことでしょう。

最近まで、現代日本文明の発展の出発点として明治時代の歴史的位置をあまりにも重要視し、江戸時代の意義を過小評価する傾向がありました。日本文明史家が江戸時代に対する根本的な評価の見なおしをはじめたのは、ごく最近のことにすぎません。わたしのかんがえでは、江戸時代のあらゆる分野における[Ⅱ]があったればこそ、開国以降の日本が、世界歴史の領土拡張主義時代における最後の帝国として急速に変化しえたといえるのです。

[イ]、この江戸――あるいは徳川――時代は、日本文明史のなかで、どのように位置づけられるのでしょうか。内戦がうちつづいた中世末期に、織田信長と豊臣秀吉という二人の(b)ケッシュツした人物があらわれ、一六世紀末に国家統一に成功しました。その後、一七世紀初頭に徳川氏が江戸幕府をひらきました。ところで、この一六世紀末にはじまる時代を、近世という名のもとに一括するのが、日本史の伝統的解釈であったのです。近世という用語は日本史に特有なもので、フランス語になんとか訳するなら、さしずめ〝Prémoderne〟(前近代)、英語ならば〝Early Modern〟(近代初期)というところでしょう。これらの訳語の不都合な点は、両者がともに〝modern〟という語をふくんでいることにしめされるように、いずれも前近代と近代という二つの時代の連続性を前提としてい

国語

（六〇分）

【一】次の文章を読んで、後の問いに答えなさい。（なお、設問の関係上、文章の一部を改めている。）

きょうは、日本史のながれをさかのぼり、一七世紀初頭から一九世紀中ごろまでを検討することにします。この時代は一般的に江戸時代とよばれます。江戸とは、時の政権であった徳川氏を将軍とする幕府がおかれていた都市の名称であります。

幕府とは、ひとことでいえば中央政府を意味し、その政治権力は天皇から①委譲されるというかたちをとっていました。これにくわえて、日本全土に分散した地方政権が存在し、これは藩とよばれていました。この時代の体制を幕藩体制というのはこのためです。この徳川の幕藩体制こそが日本に二五〇年以上の平和をもたらしたのであり、わたしはそれをパックス・トクガワナ[注1]とよびうるともかんがえております。

まず、現代日本文明の形成と発展を理解するうえで、江戸時代がはたす役わりの重要性を強調しておきましょう。じっさい、このパックス・トクガワナの期間においてこそ、目だたぬながら近代化のためのあらゆる準備作業が展開されていたのであり、この土台の上に明治以降の日本の急成長がきずかれたのです。一般に、明治以降の驚異的な(a)ヒヤクを、明治の近代化のみにおうものとし、その近代化を西洋化の［Ⅰ］として理解する傾向があるようです。しかし、江戸時代をよりふかく検討するならば、この種の解釈がけっして的をえたものでないことがわか

解答編

英語

1 解答

Ⅰ　問1．エ　問2．ウ　問3．ア　問4．ア　問5．ウ

Ⅱ　問1．ウ　問2．ア　問3．ア　問4．ア　問5．ア

2 解答

問1．エ　問2．イ　問3．ウ　問4．ウ　問5．エ
問6．ア　問7．エ　問8．イ　問9．ア　問10．イ

3 解答

問1．イ　問2．ア　問3．エ　問4．ウ　問5．ウ
問6．エ　問7．ウ　問8．イ　問9．ウ　問10．イ

4 解答　≪訪問客に鎌倉を案内する打ち合わせ≫

問1．①—オ　②—エ　③—ア　④—イ　⑤—ウ

問2．souvenir

問3．エ

5 解答

ア—⑦　イ—③　ウ—⑨　エ—②　オ—④　カ—⑫
キ—⑤　ク—⑧　ケ—⑪　コ—①　サ—⑩　シ—⑥

6 解答　≪米国の小学校低学年における外国語教育の現状≫

問1．①—ア　②—エ　③—イ

問2．(1)—ア　(2)—イ

問3．bilingual

理科

◀化学基礎・化学▶

1　解答　≪化学物質が持つリスク，食品添加物≫

問1．ア．環境リスク　イ．有害性

問2．④

問3．④

問4．保存料を加えることによって，食品中の微生物やカビの繁殖を防ぐことができるため。

2　解答　≪水溶液の濃度換算，塩酸の希釈≫

問1．1300 g

問2．520 g

問3．5.3 mol/L

問4．$\dfrac{1825}{dA}$ mL

3　解答　≪酸化還元滴定≫

問1．メスフラスコ

問2．(C)

問3．0.315 g

問4．器具Aの名称：ビュレット　記号：B

問5．シュウ酸：$H_2C_2O_4 \longrightarrow 2CO_2 + 2H^+ + 2e^-$

過マンガン酸カリウム：$MnO_4^- + 8H^+ + 5e^- \longrightarrow Mn^{2+} + 4H_2O$

問6．滴定終点では反応するシュウ酸がなく，MnO_4^- の赤紫色が消失しなくなるため。

問 7．2.50×10^{-2} mol/L

4 解答 ≪リンとその化合物の性質≫

問 1．ア．同素体　イ．水中　ウ．白色　エ．無色　オ．骨

問 2．$4P+5O_2 \longrightarrow P_4O_{10}$

問 3．$P_4O_{10}+6H_2O \longrightarrow 4H_3PO_4$

問 4．$Ca_3(PO_4)_2+2H_2SO_4 \longrightarrow Ca(H_2PO_4)_2+2CaSO_4$

問 5．$Ca_3(PO_4)_2+4H_3PO_4 \longrightarrow 3Ca(H_2PO_4)_2$

5 解答 ≪金属イオンの沈殿と分離≫

問 1．A．Pb^{2+}　B．Al^{3+}　C．Fe^{2+}　D．Zn^{2+}　E．Ba^{2+}

問 2．ア．$Al^{3+}+3OH^- \longrightarrow Al(OH)_3$

イ．$Al(OH)_3+OH^- \longrightarrow [Al(OH)_4]^-$

問 3．イオン反応式：$Pb^{2+}+CrO_4{}^{2-} \longrightarrow PbCrO_4$

名称：クロム酸鉛(Ⅱ)　　色：黄色

問 4．ウ．Pb^{2+}　エ．Fe^{2+}，Zn^{2+}

6 解答 ≪芳香族化合物の性質≫

問 1．(1)フェノール　(2)安息香酸　(3)トルエン　(4)アニリン

問 2．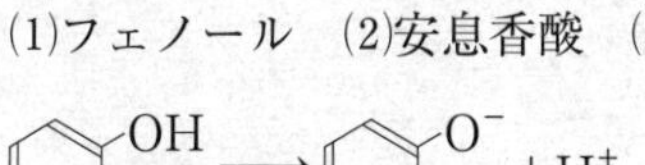

問 3．名称：過マンガン酸カリウム　化学式：$KMnO_4$

問 4．

問 5．名称：アセトアニリド　示性式：$C_6H_5NHCOCH_3$

問 6．解熱作用

◀生物基礎・生物▶

1 解答 ≪体細胞分裂≫

問1．ア．塩酸 イ．酢酸オルセイン（酢酸カーミン）

問2．固定

問3．解離する

問4．A．細胞壁 B．核

問5．b→d→a→f→c→e

問6．0.8時間

2 解答 ≪DNAとゲノム≫

問1．ⅰ．葉緑体 ⅱ．ミトコンドリア ⅲ．共生 ⅳ．好気性細菌 ⅴ．シアノバクテリア ⅵ．タンパク質

問2．1．デオキシリボース 2．リボース 3．チミン 4．ウラシル 5．相補 6．転写 7．翻訳 8．アデニン 9．ATP 10．ミトコンドリア

問3．③・⑤

問4．A：4.6325×10^9 C：3.8675×10^9 G：3.8675×10^9 T：4.6325×10^9

3 解答 ≪エネルギーの流れ≫

問1．ア―(iv) イ―(ii) ウ―(viii) エ―(vi)

問2．①・②―(vi)・(viii)（順不同）

③・④・⑤・⑥―(ii)・(iii)・(v)・(vi)（順不同）

問3．5.13 kg/m^2

4　解答　≪発生のしくみ≫

問1．ｅからａへ

問2．シュペーマン，もしくはマンゴールド

問3．脊索

問4．①―イ　②―イ　③―ア

問5．1．眼胞　2．水晶体　3．角膜　4．網膜

問6．形成体（オーガナイザー）

問7．ⅰ．相互作用　ⅱ．隣接　ⅲ．連鎖

5　解答　≪ヒトの聴覚≫

問1．ア．外耳道　イ．耳小骨　ウ．リンパ液　エ．基底膜

オ．おおい膜

問2．前庭：内耳　耳管：中耳　鼓膜：中耳　聴細胞：内耳

問3．ａ―(ⅱ)　ｂ―(ⅲ)

問4．①・④

6　解答　≪植物ホルモン≫

問1．①・④

問2．(a)頂芽優勢

(b)頂芽でつくられるオーキシンが，側芽の成長を促進するサイトカイニンの合成を抑制している。

(c)オーキシンが減少することでサイトカイニンの分泌量が増加する。

問3．ⅰ．光屈性　ⅱ．重力屈性　ⅲ．オーキシン

ⅳ．フィードバック調節　ⅴ．受容体　ⅵ．拮抗　ⅶ．極性　ⅷ．反対

ⅸ．促進　ⅹ．抑制

◀化学基礎・生物基礎▶

1 解答 ◀化学基礎・化学▶1に同じ。

2 解答 ◀化学基礎・化学▶2に同じ。

3 解答 ◀化学基礎・化学▶3に同じ。

4 解答 ◀生物基礎・生物▶1に同じ。

5 解答 ◀生物基礎・生物▶2に同じ。

6 解答 ◀生物基礎・生物▶3に同じ。

解答

問1　一挙一動
問2　(1)—③　(2)—③　(3)—①
問3　A—④　C—④　D—③
問4　(d)
問5　①
問6　質問だけに応じ授業を進めたい先生は、解らない所を探るため当てようとし、生徒は当てられないよう質問をし始めたということ。（五十字以上六十字以内）
問7　④
問8　(1)—①・⑤　(2)—④
問9　今まで解ら

三

解答

問1　(1)—③　(2)—④　(3)—①　(4)—③
問2　④

国語

一

出典 梅棹忠夫『日本とは何か―近代日本文明の形成と発展』〈Ⅲ 近代日本文明の形成と発展 3 江戸時代―絶対王制またはパックス・トクガワナ〉（NHKブックス）

解答

問1 ①いじょう ②こうはん ③ぼっこう ④あみ ⑤ちつじょ
(a)飛躍 (b)傑出 (c)浸透 (d)采配 (e)常駐

問2 ア―② イ―④ ウ―① エ―③

問3 Ⅰ―② Ⅱ―③ Ⅲ―①

問4 近代化

問5 ④

問6 中世の封建性

問7 ②

問8 参勤交代により江戸は各地の文化を混合し、江戸文化を諸国に伝播していたということ。（三十五字以上四十字以内）

問9 ④

二

出典 鶴見祐輔「一高の夏目先生」（十川信介編『漱石追想』〈2〉岩波文庫）

2018年度

問題と解答

■一般入試Ⅰ期（A日程）

問題編

▶試験科目・配点

学部・学科		教科	科目		配点
家政	家政保健	外国語	コミュニケーション英語Ⅰ・Ⅱ，英語表現Ⅰ	3教科の中から2教科選択	200点（各100点）
		理科	「化学基礎・化学※①」，「生物基礎・生物※②」，「化学基礎・生物基礎」から1科目選択		
		国語	国語総合（古文・漢文を除く）		
	管理栄養	外国語	コミュニケーション英語Ⅰ・Ⅱ，英語表現Ⅰ	2教科の中から1教科選択	100点
		国語	国語総合（古文・漢文を除く）		
		理科	「化学基礎・化学※①」，「生物基礎・生物※②」，「化学基礎・生物基礎」から1科目選択		100点
児童		外国語	コミュニケーション英語Ⅰ・Ⅱ，英語表現Ⅰ		100点
		国語	国語総合（古文・漢文を除く）		100点
教育		外国語	コミュニケーション英語Ⅰ・Ⅱ，英語表現Ⅰ		100点
		国語	国語総合（古文・漢文を除く）		100点
短大		外国語	コミュニケーション英語Ⅰ・Ⅱ，英語表現Ⅰ	2教科の中から1教科選択	100点
		国語	国語総合（古文・漢文を除く）		

▶備　考

調査書および上記の学力試験により選考される。

※①：「化学」の出題範囲は，「無機物質の性質と利用・有機化合物の性質と利用」

※②：「生物」の出題範囲は，「生物の生殖と発生・生物の環境応答」

英語

（60分）

第1問

Ⅰ 次の各文のカッコ内に入る最も適切な英語をア～エの中から選び、その記号を書きなさい。

問1　Tim has the money (　　　) not the experience.
ア. while　　イ. but　　ウ. till　　エ. as

問2　I've heard that Bob said (　　　) to Catherine.
ア. something nice　　イ. nice something
ウ. anything nice　　エ. nice anything

問3　The Prime Minister admitted (　　　) the document.
ア. being signed　　イ. sign
ウ. having signed　　エ. to sign

問4　Thomas left the party (　　　) I arrived.
ア. shortly after　　イ. even after
ウ. usually before　　エ. here before

問5　Some parents still don't know that children are in danger when (　　　) in the front of a car.
ア. seat　　イ. to seat　　ウ. seating　　エ. seated

Ⅱ 次の各文に対する答えとして最も適切な英語をア～エの中から選び、その記号を書きなさい。

問1　When you want to watch beautiful fishes or underwater animals, where do you go?
ア. To a stadium.　　イ. To a museum.
ウ. To a zoo.　　エ. To an aquarium.

問2　When you want to go outside and enjoy running, where do you go?
ア. To a dormitory.　　イ. To a playground.
ウ. To a factory.　　エ. To a basement.

問3　When you want to show your approval, what do you say?
ア. Please go ahead.　　イ. That's too bad.
ウ. I agree with you.　　エ. It depends.

問4　When you celebrate your friend's birthday with a cake, what do you say?
ア. Take care of your own house!
イ. Blow out the candles and make a wish!
ウ. Hold the candles and make a fire!
エ. Happy holidays to you and your family!

問5　When you feel cold in the classroom and want to ask your teacher politely to turn on the air conditioner, what do you say?
ア. Do turn on the air conditioner!
イ. Would you mind turning on the air conditioner?
ウ. How on earth could you turn on the air conditioner?
エ. What made you turn on the air conditioner?

第2問　次の各文のカッコ内に入る最も適切な英語をア〜エの中から選び、その記号を書きなさい。

問1　Maybe (　　　) Jessica will visit her grandmother in Japan.
ア. one day　　イ. the other day
ウ. in those days　　エ. the day before yesterday

問2　My favorite color is white. I prefer (　　　) ones.
ア. complicated steps to simple　　イ. simple steps to complicated
ウ. flashy colors to plain　　エ. plain colors to flashy

問3　Whenever I hear the sad story of his father, I just (　　　).
ア. come to nothing　　イ. roll down the hill
ウ. die of wounds　　エ. burst into tears

問4　They are willing to walk (　　　) it takes.
ア. how hard　　イ. however long
ウ. how long　　エ. however hard

問5　Please clean up. Your (　　　) too much space in this room.
ア. staff is working on　　イ. staff is making up
ウ. stuff is taking up　　エ. stuff is sitting on

問6　The only well in this village seems to have (　　　).
ア. turned down　　イ. dried up
ウ. rolled out　　エ. freed of

問7　The local government should take precautions against typhoons, (　　　).
ア. including warnings　　イ. exceptionally rare
ウ. exclusively online　　エ. excluding time

問8　So many things, I believe, (　　　). We must reveal as many facts as possible.
ア. are feeling wanted　　イ. are left unsaid

ウ. started wondering　　エ. remained standing

問9 The girl couldn't (　　) while her father cut her hair.
ア. become much　　イ. keep still
ウ. look far　　エ. find few

問10 If you're too busy, frozen vegetables can (　　).
ア. investigate cost　　イ. earn money
ウ. save your time　　エ. increase your risk

第3問 次のカッコ①～⑩に入る最も適切な英語をア～エの中から選び、その記号を書きなさい。

問1 A: Why didn't you come to the piano concert last night?
B: I'm sorry (①) My grandma fell ill and I had to take her to the hospital.
A: Oh, (②) Is she all right?
B: She has just had a small operation and the doctor says she is perfectly all right.

①の選択肢
ア. there was a traffic jam.
イ. the train was delayed because of an accident.
ウ. I couldn't make it.
エ. I was making a jam sandwich.

②の選択肢
ア. I'm glad that you are all right.
イ. I'm sorry to hear that.
ウ. I also visited her just now.
エ. I am delighted to hear that.

問2 A: Where (③)
B: I've just come back from ABC book store.
A: Oh, I see. Did you buy the book in your hand?
B: Yes, this is a book on (④) Do you want to take a look?
A: Oh, thanks. You've already started to prepare for our next trip, haven't you?

③の選択肢
ア. was the book store?
イ. did you find the book?
ウ. have you been?
エ. are you going?

④の選択肢
ア. Hawaii, the destination of our trip this spring.

イ. Hawaii, which you have visited last year.
ウ. Hawaii, the ideal place to live in your retirement.
エ. Hawaii, the destination of your trip next year.

問3　A: How was the buffet style party at Richmond Hotel last night?
B: It was (　⑤　) and I enjoyed talking with many friends.
A: That's good. (　⑥　)
B: Oh, the food was gone while I was talking. I could hardly taste it.
A: I'm sorry you missed it. I hear the food at the hotel is one of the best.

⑤の選択肢
ア. so funny
イ. much fun
ウ. a disaster
エ. a big meal

⑥の選択肢
ア. How about the meal served there?
イ. Who did you enjoy talking with?
ウ. Did you enjoy talking with them?
エ. Have you ever tasted the food there?

問4　A: Have you watered the plants yet?
B: (　⑦　) I have been busy this morning preparing for tomorrow's exam.
A: Are you done with it now?
B: Yes, I am. Now I'll (　⑧　)

⑦の選択肢
ア. Don't mention it.
イ. Great job!
ウ. Not yet.
エ. Thanks a lot.

⑧の選択肢
ア. take care of them.
イ. finish my preparation.
ウ. plant flowers for you.
エ. do my homework.

問5　A: (　⑨　) you are late? It's not like you.
B: I was late getting up this morning and missed the train.
A: I see. No one is perfect. But (　⑩　)
B: O.K. I won't.

⑨の選択肢
ア. How come
イ. How often
ウ. How long

エ. How soon

⑩の選択肢

ア. don't let the train be delayed.
イ. don't let this discourage you from doing the same thing.
ウ. don't let this happen again.
エ. don't let me know it.

第4問

I 次の各組の英文で下線のついた2語のアクセントの位置が、通常、同じものには○を、違うものには×を書きなさい。

問1
I want you to hold me in your arms and comfort me.
I really appreciate your kind words of comfort.

問2
You should endeavor to be a more reliable man.
He made every endeavor to win the championship.

問3
You should report to the office at ten o'clock.
The newspaper had a long report on the traffic accident.

問4
The king wanted to subject all the surrounding countries to his rule.
What is your most favorite subject in school?

問5
Nowadays a lot of jumbo jets transport passengers abroad.
You should get to and come back from school by public transport.

II 次の会話文の中で、通常、最も強調して読む単語はどれですか。①～⑤の中から選び、その数字を書きなさい。

問1 A：How do you write your stories?
B：I ①usually type ②every ③sentence ④on my ⑤cellphone.

問2 A：When did you get the idea to study abroad?
B：①When I ②took part in the ③trip to ④England last ⑤summer.

問3 A：Where in the world are you planning to go next weekend?
B：I will ①definitely ②visit ③Hiroshima ④next ⑤weekend.

問4 A：What made her furious at the party?
B：It was the way ①he ②said it ③that ④made her so ⑤angry.

問5 A：Please tell me more about your project.
B：①What shall I ②tell ③you ④more ⑤about?

第5問　次の表は性別役割分業意識と女性の就業状況について、イギリス・フィンランド・フランス・ノルウェー・アメリカ・ポルトガルの6カ国において調査した結果です。この表を参照し、後の問に答えなさい。

	% agreeing that "A man's job is to earn money, a woman's job is to look after the home and family"	% women in employment working full-time	Employment rate of all mothers with a child under 6
Britain	18	66	55.8
Finland	12	86	58.8
France	22	79	56.2
Norway	10	77	72.8
USA	22	73	61.5
Portugal	34	85	70.6

(Rosemary Crompton, *Employment and the Family*, Cambridge University Press, 2006 一部改変)

問　カッコ①～⑥に入る最も適切な国名をア～カの中から選び、その記号を書きなさい。

1. Amongst the European countries, (　①　) is the most traditional, with a third of respondents agreeing that "A man's job is to earn money, a woman's job is to look after the home and family".
2. (　②　) is the least gender traditional.
3. The extent of women's full-time employment in (　③　) is the highest.
4. The employment rate of all mothers with a child under 6 in (　④　) is the highest among the six countries.
5. In (　⑤　), around two thirds of women work full-time.
6. There seems to be inconsistency between gender role attitudes and employment rate of mothers with a child under 6 in (　⑥　) as compared with other countries.

ア. Britain　イ. Finland　ウ. France　エ. Norway　オ. USA　カ. Portugal

第6問　次の英文を読み、後の問いに答えなさい。

Having studied English at least since junior high school, many Japanese feel a strong attachment to the English language. People who make efforts to improve their English above and beyond a basic level may even come to feel a sense of (　①　). For example, those who can read a newspaper in English may feel they know the world better than people who can read only Japanese papers. Certainly, the benefits from the use of English as a global language are surely ②<u>considerable</u>. However, a *1complacent or unquestioning attitude can cause a person to fall into one of the pitfalls of English. Consider the materials that people use when trying to improve their English, such as newspapers and television broadcasts. People choose such sources because they realize that there is a lot of misinformation and biased opinion in the Internet. The New York Times, the Washington Post and the Times in Britain are *2prestigious and well-known papers, and ABC, CNN, and BBC are broadcasting services with a good reputation. They are known for being fair and *3impartial in reporting world affairs, and they try to maintain a high standard of reporting.

However, the journalists are influenced by their own surroundings. Whether they like it or not, they function as a ③<u>*'mouthpiece'*</u> of English-speaking society and culture. Unconsciously, they view any event from a viewpoint where English-speaking culture, especially American culture, is central. This belief may be reinforced by the fact that English is a world language. Constant exposure to those media may lead to a *4distorted view of the world, where Western culture and society takes priority over those of other areas, and other cultures are seen as inferior. Please try to see what happens in the world from different angles and be aware of *5pro-Western bias. This experience will give you (　④　).

(Carolyn Wright, *An Invitation to Critical Thinking*, 2015 一部改変)

注)　*1 complacent: 自己満足の　*2 prestigious: 名高い　*3 impartial: 偏見のない
　　*4 distorted: ゆがんだ　*5 pro-：～びいきの

問1　カッコ①に入る最も適切な英語をア～エの中から選び、その記号を書きなさい。
ア. value　イ. responsibility　ウ. superiority　エ. humor

問2　下線部②の意味として最も適切な英語をア～エの中から選び、その記号を書きなさい。
ア. substantial　イ. predictable　ウ. necessary　エ. visible

問3　下線部③の意味として最も適切な英語をア～エの中から選び、その記号を書きなさい。
ア. teeth protector for boxers
イ. TV program for English learners
ウ. promise for the citizens
エ. speaker for the people

問4　カッコ④に入る最も適切な英語をア～エの中から選び、その記号を書きなさい。
ア. a great amount of information about the world
イ. a balanced view of world affairs

ウ. a good communication skill
エ. a new method for studying English

問5　英文の内容と合っているものには○を、違っているものには×を書きなさい。

(1) A lot of information on the Internet may be misleading.
(2) People with poor English ability may read only Japanese newspapers.
(3) You can't trust information from the mass media which is not written in English.
(4) Some English media organizations are prestigious and have a good reputation.
(5) The journalists tend to believe that English speaking culture is central because English is a world language.

問6　この英文のタイトルになるように、カッコ内に入る最も適切な単語を英文中から1語抜き出しなさい。

―The (　　　) of the English Language―

■理科■

◀化学基礎・化学▶

(60分)

(注意)必要があれば、次の値を使用しなさい。
原子量　H:1、C:12、N:14、O:16、Ne:20、Na:23、S:32、Cl:35.5、Ar:40、Fe:56、Cu:64

第1問　次に産業などに用いられている繊維または樹脂を挙げた。これらの繊維または樹脂について、以下の問い(問1～4)に答えなさい。

[繊維または樹脂]
ナイロン　　シルク　　ウール　　コットン　　ポリエステル　　ポリエチレン

問1　上に挙げた繊維または樹脂のうち、天然繊維に分類されるものが3つあるが、これらの名称を答えなさい。また、それぞれの天然繊維の由来は何か、以下の選択肢から最も適切と考えられるものを併せて答えなさい。

[選択肢]
カビ　　プランクトン　　魚介類　　昆虫
畜産動物　　樹木　　多年草を含む草花

問2　上に挙げた繊維または樹脂で、合成繊維または合成樹脂に分類されるもののうち、食品・衣料品の包装やゴミ袋などに広く使われている物質が一つあるが、この名称を答えなさい。

問3　合成繊維または合成樹脂は回収してリサイクルすることが可能である。再利用の方法として、主に以下に挙げた2つが用いられているが、それぞれのリサイクル方法の名称を答えなさい。

[方法1]　加熱融解し、成形し直して利用する。
[方法2]　原料になる物質まで分解し、合成し直して利用する。

問4　特に合成繊維や合成樹脂の使用については、地球環境保全の目的から3Rが求められている。3Rは、リサイクルを含め、それぞれの英語の頭文字Rにちなんだものであるが、残りの2つをカタカナ表記で答えなさい。

第2問 次の文章を読み、以下の問い(問1～3)に答えなさい。

ナトリウム原子は(1)個の電子を失い、塩素原子は1個の電子を得て、それぞれ[a]原子、[b]原子と同じ電子配置のイオンとなり、互いに(2)で結びついている。このような結合は(3)結合と呼ばれる。

メタンでは炭素原子と水素原子が互いに不対電子（価電子）を1個ずつ出して(4)電子対をつくり結合している。このような結合は(4)結合と呼ばれる。また、(4)結合だけで生じる結晶の例としては、天然に存在する単体できわめて硬い(5)がある。(5)は(6)原子を中心とした正四面体の立体構造で①巨大分子を形成している。

②ドライアイスは(4)結合によってできた二酸化炭素分子が(7)力と呼ばれる結合力によって集まってできた結晶である。この結晶は(8)と呼ばれる。(7)の結合力は弱いので、一般的に(8)は直ぐに、固体から気体に変化するものが多い。この変化する様子を(9)という。

金属結合が(3)結合と異なるのは、価電子が各原子から離れ、特定の原子に所属することなく、原子間を動き回っている点である。このような電子を(10)という。この(10)の働きがあるため、金属は(11)や熱の伝導性が良い。また、原子の配列がずれても(10)が動いて原子を結びつけているため、金属には展性や(12)と呼ばれる性質がある。

問1 文章中の(1)～(12)に適切な語句、または数値を答えなさい。
また、[a]と[b]は元素記号を答えなさい。

問2 ①巨大分子をつくる(6)原子以外の原子を1つ、元素記号で答えなさい。

問3 ②ドライアイスのほか(9)の性質を有する単体の名称を1つ答えなさい。

第3問　一般的に使われている醤油中の塩分（NaCl）の質量パーセント濃度は16%であり、醤油の密度は1.20g/cm^{3}と言われている。以下の問い（問1～4）に答えなさい。

問1　この醤油大さじ一杯は、17mLである。この中に何gの塩分が含まれているか、小数点以下第2位まで答えなさい。

問2　問1の大さじ一杯の醤油を用いて塩分質量パーセント濃度0.8%の汁を作るには、水が何mL必要か、小数点以下第1位まで答えなさい。なお、水の密度は1.00 g/cm^{3}とする。

問3　問2と同じ濃度の汁を150mLずつ35個の椀に盛り付けたい。これに必要最小限の汁（余りが最小になる量）を作るには大さじ何杯の醤油が必要か、整数で答えなさい。なお、この汁の密度は1.00g/cm^{3}とする。

問4　この汁中の塩分のモル濃度（mol/L）を、小数点以下第2位まで答えなさい。

第4問　次の文章を読み、以下の問い（問1～6）に答えなさい。

窒素は、乾燥空気の約78%を占めており、実験室では、①亜硝酸アンモニウムを含む水溶液を加熱して得られる。窒素は、無色、無臭の気体で、常温では化学的に安定であり、他の物質と反応しにくいため、食品の（　1　）を防止するために包装内の充てん剤としても利用されている。また、窒素は、高温では酸素と結合して一酸化窒素などの②窒素酸化物を生じる。③一酸化窒素は、実験室では銅と希硝酸を反応させて得られる。一酸化窒素は無色の気体で、水に溶けにくい。空気中で酸素と容易に反応し、（　2　）となる。一酸化窒素は、生体内でもつくられ、（　3　）を拡張させるなどの作用がある。④また、生体内で一酸化窒素を生成する物質が、医薬品としても用いられている。

問1　（　1　）～（　3　）にあてはまる適切な語句を答えなさい。

問2　下線部①の反応を化学反応式で答えなさい。

問3　下線部②の窒素酸化物で、窒素原子の数が2で酸化数が+3の物質の名称と分子式を答えなさい。

問4　下線部③の反応を化学反応式で答えなさい。

問5　（　2　）の物質は銅と濃硝酸の反応でも得られる。銅と濃硝酸の反応を反応式で答えなさい。

問6　下線部④の物質で心臓病の薬として用いられているものを示性式と名称で答えなさい。

第5問　鉄は人間が利用している金属の中でも最もポピュラーなものである。この鉄の化合物について、次の文章を読み、以下の問い(問1～5)に答えなさい。

(1) ①塩化鉄（Ⅲ）六水和物の水溶液を作った。この水溶液の一部に水酸化ナトリウム水溶液を加えると②沈殿が生じた。水溶液の残りにヘキサシアニド鉄（Ⅱ）酸カリウム水溶液を加えると③別の沈殿が生じた。

(2) ④硫酸鉄（Ⅱ）七水和物の水溶液を作った。この水溶液の一部に水酸化ナトリウム水溶液を加えると⑤沈殿が生じた。水溶液の残りにヘキサシアニド鉄（Ⅲ）酸カリウム水溶液を加えると⑥別の沈殿が生じた。

問1　下線①に関して、塩化鉄(Ⅲ)六水和物の化学式を答えなさい。また、この水溶液は何色になるか、下の選択肢から最も適切なものを選び答えなさい。

問2　下線②に関して、生じた沈殿の化学式を答えなさい。また、この沈殿は何色になるか、下の選択肢から最も適切なものを選び答えなさい。

問3　下線④に関して、硫酸鉄（Ⅱ）七水和物の化学式を答えなさい。また、この水溶液は何色になるか、下の選択肢から最も適切なものを選び答えなさい。

問4　下線⑤に関して、生じた沈殿の化学式を答えなさい。また、この沈殿は何色になるか、下の選択肢から最も適切なものを選び答えなさい。

問5　下線③と下線⑥に関して、それぞれ濃青色の沈殿が生じるが、この沈殿にはそれぞれ名称がつけらえている。それぞれの名称を答えなさい。

[選択肢]

灰白色　　黒色　　血赤色　　淡緑色　　緑白色　　青白色
黄褐色　　褐色　　赤褐色

第6問　分子式$C_4H_{10}O$で表される化合物について、以下の問い(問1～5)に答えなさい。

問1　水に少量加えるとよく溶け中性を示したが、さらにこの化合物を加えていくと溶けきれずに二層に分かれた。この化合物の持つ酸素を含む官能基は何か、名称を答えなさい。

問2　問1の化合物にナトリウムを加えると水素が発生した。このときの反応式を答えなさい。

問3　問1の化合物に過マンガン酸カリウム水溶液を加えると、酸化マンガン(Ⅳ)の沈殿が生じた。この反応液にアンモニア性硝酸銀溶液を加えて加熱すると、容器内壁が光沢を持った銀色となった。反応前と過マンガン酸カリウム水溶液添加で生じた化合物の示性式をそれぞれ答えなさい。

問4　問3の過マンガン酸カリウム水溶液を加えて、さらに反応を進めると何が生成するか、生じる化合物の名称と示性式を答えなさい。

問5　分子式$C_4H_{10}O$で表される化合物には、沸点が34℃で、揮発性で麻酔作用がある化合物もある。その名称を答えなさい。

◀生物基礎・生物▶

(60分)

第1問　次の文章を読み、以下の問い(問1～4)に答えなさい。

凸レンズを組み合わせてつくられた最初の(　a　)は、16世紀末にオランダのヤンセンによって発明されたといわれている。イギリスの(　b　)は1665年に出版した『ミクログラフィア』にコルクの切片のスケッチを示した。これが細胞の発見として知られる。同じ頃、オランダのレーウェンフックは細菌や原生動物を観察した。しかし、(1)細胞の内容物が観察されたのは19世紀に入ってからで、1831年にイギリスのブラウンが核を発見し、1838年にはドイツの(　c　)が植物体を、1839年には(　d　)が動物体をそれぞれ観察して、すべての生物は細胞からなるとする「細胞説」を確立した。

このように、細胞の研究は、顕微鏡の発達と密接に関係している。(　a　)は(　e　)を用いる場合、その(　f　)はおよそ0.2 μmであり、(2)細胞内の比較的大きな構造体は観察できるが、微細な構造体を像として見分けることはできなかった。1932年、ドイツのルスカによって、電子線を用いた(　g　)が発明された。現在では、(　f　)は飛躍的に高くなり、(　g　)によっては、0.1～0.2 nmのものまで見分けることができる。

問1　文章中の空欄(　a　)～(　g　)にあてはまる最も適切な語句または人名を、次の①～⑪からそれぞれ1つずつ選び、番号で答えなさい。

①　紫外線　　②　赤外線　　③　シュライデン　　④　分解能
⑤　可視光線　　⑥　フック　　⑦　ミーシャ　　⑧　シュワン
⑨　電子顕微鏡　　⑩　光学顕微鏡　　⑪　パスツール

問2　下線部(1)に関して、細胞内の構造体を総称してとくに何と呼ぶか、その名称を答えなさい。

問3　下線部(2)に関して、(　a　)によって動物細胞で観察することができるものを次の(ア)～(キ)からすべて選び、記号で答えなさい。

(ア)　ミトコンドリア　　(イ)　葉緑体　　(ウ)　核　　(エ)　小胞体
(オ)　中心体　　(カ)　リソソーム　　(キ)　リボソーム

問4　図1は、いろいろな生物材料のおよその大きさと、ヒトの目や顕微鏡の限界(f(問1))

を対数目盛りの上に示したものである。図1中の空欄 i ～ x にあてはまる最も適切な語句を次の(あ)～(こ)から1つずつ選び、記号で答えなさい。

(あ) アマガエルの卵　(い) (a)の限界　(う) 大腸菌　(え)ヒトの精子
(お) (g)の限界　(か) ヒトの赤血球　(き) ヒトの卵
(く) ヘモグロビン分子　(け) エイズウイルス　(こ) ゾウリムシ

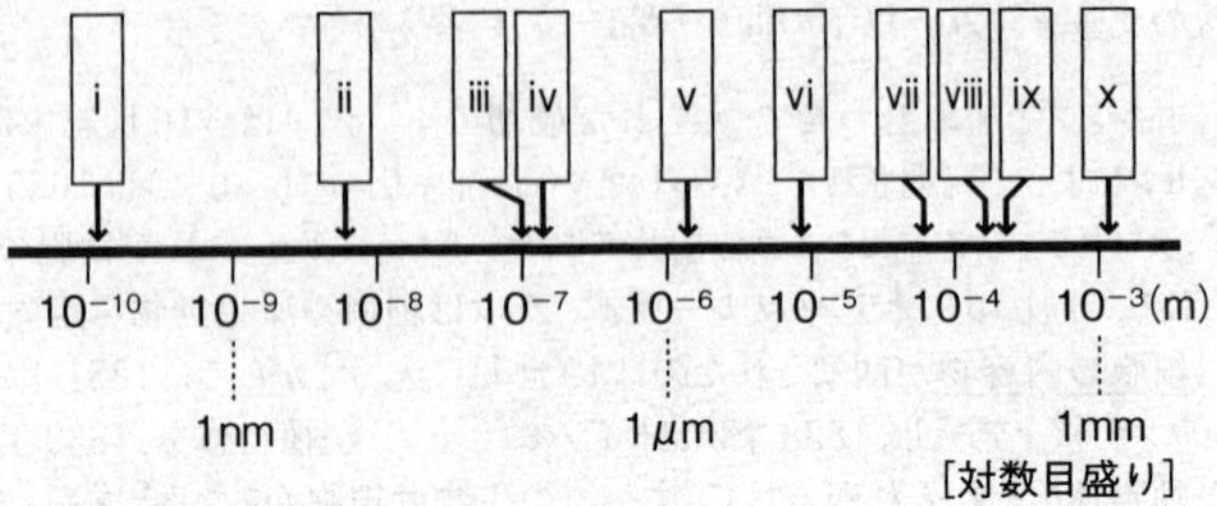

図1

第2問 次の文章を読み、以下の問い(問1～8)に答えなさい。

日本列島にはこの1万年間に噴火した活火山が110あり、世界の活火山の1割を占める。火山が噴火すると大量の噴出物が地表に降下し、生態系に大きな影響を及ぼす。たとえば、伊豆諸島の三宅島では2000年に火山が噴火し溶岩、降灰、火山ガスなどによって、植物が焼失したり枯死したりして、裸地が広がった。1983年の噴火以来、回復しつつあった植生が再び消失し、植物のみならず、菌類、昆虫類、鳥類などを含めた生態系全体に大きな影響があった。その後、植生は遷移し、種子植物では風散布型、鳥や哺乳類などによる動物散布型、重力散布型の順に、種子の軽いものから重いものの順に植生が回復する傾向がみられている。

問1 次の①～⑤のうち、裸地からの植生遷移について説明した文として適切なものを2つ選び、番号で答えなさい。

① 裸地は、降雨の影響を受けやすく、湿った状態が続きやすい。
② 裸地は、日光の影響を受けやすく、高温にさらされやすい。
③ 裸地に最初に侵入し繁茂する先駆植物（パイオニア植物）は動物が種子散布する樹種が多い。
④ 裸地に最初に侵入し繁茂する先駆植物(パイオニア植物)の落ち葉などが土壌を形成する。
⑤ 裸地に最初に種子植物が侵入しコケ植物は土壌形成後に侵入する。

問2 次の①～⑤のうち、先駆植物（パイオニア植物)について説明した文として適切なものを2つ選び、番号で答えなさい。

① オオバヤシャブシの根には窒素固定を行う細菌が共生する。
② ミヤマハンノキの根には根粒菌という真菌類が共生する。
③ 先駆植物は島状（パッチ状）にまばらに分布し、草原を形成する。
④ 土壌形成後に侵入する樹木は陽樹であり、草原は低木林に遷移する。
⑤ 土壌形成後に侵入する樹木は陰樹であり、草原は高木林に遷移する。

問3　次の①～⑤のうち、極相林について説明した文として適切なものを2つ選び、番号で答えなさい。

① 極相樹種とは幼木のとき乾燥に強く、日なたの強い光のもとで急速に成長する樹種である。
② 陽樹は幼木のときから成木に至るまで強い光に強い樹種であり極相樹種となる。
③ 極相樹種は幼木のとき光量の少ない日かげで成長することができる樹種である。
④ 極相林では高木層が日光を遮るため、下層植生の密度が低くなり、風通しがよく土壌は乾燥する。
⑤ 陰樹は極相林の高木層だけでなく低木層も構成する。

問4　次の①～⑤のうち、ギャップについて説明した文として適切なものを2つ選び、番号で答えなさい。

① 台風によって高木の先端が折れて林冠にできたでこぼこをギャップという。
② 台風によって高木がたおれ、地表にまで日光が入る場所をギャップという。
③ 極相林の更新が火山噴火後の植生の遷移に比べ遅いことをギャップという。
④ ギャップは、おもに陰樹の低木林や先駆植物の草原に遷移する。
⑤ ギャップに陽樹が発芽し成長すると、極相林の樹種の多様性が増す。

問5　次の①～⑤のうち、森林内の光合成について説明した文として適切なものを2つ選び、番号で答えなさい。

① 光合成速度と呼吸速度が等しいときの光の強さを光補償点という。
② 光合成と呼吸の二酸化炭素量が等しいときの光の強さを光飽和点という。
③ 光補償点と光飽和点が高い樹種は日陰で育ちにくい陽樹である。
④ 強い光のもとでの葉の光合成速度は陰樹の方が陽樹より大きい。
⑤ 森林内の高木の梢《こずえ》（木の頂点）の葉と下枝の葉を比べても光合成速度は変わらない。

問6　次の①～⑤のうち、生態系のバランスについて説明した文として適切なものを2つ選び、番号で答えなさい。

① 森林伐採や焼畑、家畜の放牧が過度に行われると土壌が流出し、極相林まで遷移しなくなることがある。

② 台風や山火事と火山の噴火による生態系の破壊の程度は大きく異なるが、生態系の復元力で必ず元の極相林に遷移する。

③ 火山の噴火によるかく乱後の植生の遷移にともなって動物の個体数が急増したり急減したりすることがある。

④ 火山の噴火によるかく乱後に根に共生菌をもつ樹種が侵入すると共生菌をもたない樹種が侵入できず遷移が進まない。

⑤ 日本の里山で薪炭に利用されてきたコナラやクヌギは陰樹なので伐採すると先駆樹種から更新して再び利用するまで長い期間がかかる。

問7　南九州では巨大な火山噴火がたびたび起こり、植生の更新が繰り返されてきた。地表から地下に筒を差し込むボーリング調査によって取り出した堆積物には、さまざまな植物の花粉などの化石が含まれる。これらを調べることによって、過去の植生遷移がわかる。地中深い火山堆積物から地表に向かって順番に土壌が堆積し地層をつくるため、地表に近いほど現在に近い時代であることを示す。このとき、次の①～⑤の植物種が多く検出される地層を古い時代から新しい時代の順に並べ、その順番を番号で解答欄に記入しなさい。

① マツ類　　② ハンノキ類　　③ シイ類　　④ ススキ類　　⑤ クスノキ類

問8　三宅島に自生するヤブツバキにはメジロが花蜜を吸いに訪れる。このときにメジロのくちばしの周りに花粉が付着し、他の花への受粉が行われる。火山からの溶岩や降灰による被害を受けなかった地域では火山ガスによって多くの植物が枯死した。このとき、火山ガスに耐性のあるヤブツバキは生き残ったが、葉を落とした。葉を落とすと花の数が減り、メジロは広範囲のヤブツバキを訪れることになったという。このことが、植生の回復を早める効果をもたらすと研究者らは考えている。どのような理由が考えられるか、句読点を含め、40字以内で答えなさい。

第3問　次の文章を読み、以下の問い(問1～2)に答えなさい。

肝臓には[ア]を通って、消化器官からの栄養物質を多く含んだ血液や、脾臓《ひぞう》からの破壊された赤血球を含む血液が流れこむ。また、[イ]を通って、心臓からの酸素を含んだ血液が送られてくる。[ア]を経て肝臓に入ったグルコースは、数万個が結合して[ウ]となり蓄えられる。グルコースが消費されて低血糖になると[ウ]が分解されて再びグルコースになって血中に放出される。さらに肝臓では、アルブミンやグロブリンなど血漿《けっしょう》中の[エ]を合成し、分泌している。そして、[エ]の構成単位である[オ]の分解により生じたアンモニアを毒性の低い[カ]に変え血中に放出する。脂質の消化に関係する[キ]も肝臓で合成する。[キ]は[ク]を経て胆嚢《たんのう》に運ばれる。

問1　文章中の空欄[ア]～[ク]に入る最も適切な語句を次の①～⑪からそれぞれ1つずつ選び、番号で答えなさい。

① 胆管　② 肝動脈　③ 肝門脈　④ 肝静脈　⑤ 胆汁
⑥ 尿素　⑦ 尿酸　⑧ グリコーゲン　⑨ アミノ酸　⑩ 脂質
⑪タンパク質

問2　食後の安静時に、血中酸素濃度、血中グルコース濃度、血中尿素濃度が最も高くなる管をそれぞれ選び、1つずつ番号で答えなさい。

① 胆管　② 肝動脈　③ 肝門脈　④ 肝静脈

第4問　次の文章を読み、以下の問い(問1〜2)に答えなさい。

筋肉を少々収縮させても、筋肉内のATP濃度は減少しない。それは、ATPの分解によって生じた(　a　)が、筋肉内に貯えられたクレアチンリン酸という化合物と反応して、ただちにATPに再生されるからである。この反応は短時間の収縮によって消費されたATPをすばやく再生するものであって、長時間の運動の場合は代謝系によるATPの産生が必要となる。その1つはグルコースを[X]にまで分解する解糖で、1分子のグルコースから 2分子のATPがつくられる。この経路は、効率は良くないが、(　b　)がなくてもATPを合成できるという特徴がある。もう1つは、ミトコンドリアに存在するクエン酸回路と電子伝達系によるものである。ATPは、この過程を経て大量に生産される。1分子のグルコースが(　b　)を用いる呼吸に使われると、筋肉では合計36分子のATPが産生でき、解糖のみの場合と比べてはるかに効率的である。(　b　)の供給が足りているときは、こうした代謝系のうち、後者の経路でATPを産生するが、運動が激しくなると(　b　)の供給が間に合わなくなる。すると(　b　)を必要としない解糖が使われ始めることになる。

一方、運動神経からの刺激は、神経末端の(　c　)から分泌される(　d　)の作用によって筋細胞の細胞膜に伝達される。細胞膜の興奮が(　e　)に伝えられると、(　e　)から(　f　)が放出される。(　f　)は、(　g　)フィラメントとミオシンフィラメントとの反応を開始させ、収縮を引き起こす。(　f　)が(　h　)輸送によって(　e　)に再び取り込まれると、筋肉は弛《し》緩《かん》する。

問1　文章中の空欄(　a　)〜(　h　)にあてはまる最も適切な語句を答えなさい。

問2　文章中の空欄[X]には、激しい運動を続けると筋肉内に蓄積する最も主要な物質の名称が入る。最も適切な語を漢字二字で答えなさい。

第5問　次の文章を読み、以下の問い(問1～5)に答えなさい。

生物は原核生物と真核生物に大きく分けられ、原核生物は真核細胞の体細胞分裂と同様の細胞分裂によって無性的に増殖するが、真核生物は無性生殖や有性生殖によって増殖する。無性生殖ではすべての個体が増殖に関わる。一方で、有性生殖ではオスとメスはともに減数分裂から作られた配偶子を受精させ新しい個体を生み出す。

問1　真核細胞の細胞分裂時には染色体が凝縮され太いひも状となる。ヒト体細胞の常染色体数と性染色体数をそれぞれ答えなさい。

問2　次の文章の［ i ］～［ v ］に適切な語句または数字を入れて、DNAの構造が解明された経緯を説明する文章を完成させなさい。

染色体は、核酸であるDNAがタンパク質の一種であるヒストンに巻き付き、たたみ込まれた姿をしている。DNAを構成する分子は［ i ］とデオキシリボース（糖）と4種類の［ ii ］である。シャルガフはさまざまな生物の［ ii ］の割合を調べ、［ iii ］と［ iv ］のそれぞれ、2種類の塩基の比がほぼ1: 1になることを見出した。この研究はワトソンとクリックによるDNAの［ v ］構造モデルの着想に大きな影響を与えた。

問3　相同染色体の同一の場所には同じ遺伝情報を担う遺伝子があり、その位置を遺伝子座という。3つの遺伝子座に注目したところ、1つ目の遺伝子座には2種類の遺伝子があり、2つ目の遺伝子座には3種類の遺伝子があり、3つ目の遺伝子座には2種類の遺伝子があることがわかった。このとき、これら3つの遺伝子座の遺伝子の組み合わせが異なる相同染色体は何組あるか。計算して答えなさい。

問4　次の文章の空欄①～⑩に適切な語句または数字を入れて、体細胞分裂と減数分裂の違いを説明する文を完成させなさい。

体細胞分裂では母細胞1個から［ ① ］個の娘細胞が作られ、［ ② ］的に同一の細胞が複製される。一方で、減数分裂では合計［ ③ ］回の核分裂と［ ③ ］回の［ ④ ］が起こり、母細胞1個から［ ⑤ ］個の娘細胞が作られるが、第一分裂［ ⑥ ］に相同染色体が［ ⑦ ］を形成し、相同染色体が分離され両極に分配されることにより、娘細胞のもつ染色体数は母細胞に比べて［ ⑧ ］分の1となる。また、［ ⑦ ］のとき、染色体の［ ⑨ ］が起こり、遺伝子の［ ⑩ ］が起こると母細胞と娘細胞は明らかに［ ② ］的に異なったものになる。

問5　遺伝学の研究でよく利用されているキイロショウジョウバエの染色体数は$2n=8$である。減数分裂で遺伝子の［ ⑩(問4) ］が起こらないとき、異なる染色体の組み合わせからなる配偶子の種類は何通りになるか。計算して答えなさい。

第6問　次の文章を読み、以下の問い(問1～6)に答えなさい。

プラスチックや化学繊維などの原料として知られる［　Ⅰ　］は、植物ホルモンの1つでもあり、常温では【　i　】として存在する。図1のように、ガラスの密閉容器に未熟な緑色のバナナの果実だけを入れた場合(A)と、未熟なバナナの果実と熟したリンゴの果実を入れた場合(B)を比較すると、

(1)＿＿＿＿＿＿＿＿＿＿＿＿＿＿＿＿＿＿＿＿。

これは、リンゴが果実の成熟を【　ii　】するため生成した［　Ⅰ　］が、異種であるバナナの果実の成熟をも【　ii　】するためであると考えられる。

(A)未熟なバナナのみ　　　(B)未熟なバナナと熟したリンゴ

図1

［　Ⅰ　］は植物の葉や花の老化を早める働きもする。逆に、［　Ⅱ　］は老化を遅らせる。こうした植物ホルモンの働きを利用して、切り花を長持ちさせるために、［　Ⅰ　］の生成を阻害する薬品や、［　Ⅱ　］と同じ作用をする薬品が実用化されている。

葉の老化は、タンパク質成分の分解によって始まる。このとき、(　α　)も減少するため、緑色が薄くなり、もともと葉に多く含まれる(　β　)などの地色が露わとなり、葉が黄色に色づく。カエデの葉が秋に紅葉するのは、(　α　)が分解される際に、(　γ　)という色素が合成され、赤く発色するためである。

葉が老化したり、果実が成熟したりすると、葉柄や果柄の付け根に【　iii　】と呼ばれる特別な細胞の層が形成される。［　Ⅰ　］は、この【　iii　】形成を調節する主要な植物ホルモンでもある。葉柄や果柄の付け根が［　Ⅰ　］を受容すると、細胞壁間の接着を緩める酵素が合成される。この酵素が働くと、細胞同士の結合が緩くなって落葉したり落果したりする。

問1　空欄［　Ⅰ　］、［　Ⅱ　］に入る最も適切な植物ホルモンの名称をそれぞれ答えなさい。

問2　空欄【　i　】に入る最も適切な語を次の(a)～(c)のうちから1つ選び、記号で答えなさい。

(a) 固体　　(b) 液体　　(c) 気体

問3　下線部 (1)に入る実験結果を表した文を、35字以内で作成しなさい。ただし、句点は書かないこと。

問4　空欄【　ii　】に入る最も適切な語を次の (ア)と (イ)のうちから1つ選び、記号で答えなさい。

(ア) 促進　　(イ) 抑制

問5　空欄(　α　)～(　γ　)に入る最も適切な生体色素の名称を次の①～⑥のうちからそれぞれ1つずつ選び、番号で答えなさい。

① アントシアン　② カロテノイド　③ クロロフィル
④ フィトクロム　⑤ ヘモグロビン　⑥ メラニン

問6　空欄【　iii　】に入る最も適切な語を漢字2字で答えなさい。

◀化学基礎・生物基礎▶

(60分)

第1問　◀化学基礎・化学▶ 第1問に同じ。

第2問　◀化学基礎・化学▶ 第2問に同じ。

第3問　◀化学基礎・化学▶ 第3問に同じ。

第4問　◀生物基礎・生物▶ 第1問に同じ。

第5問　◀生物基礎・生物▶ 第2問に同じ。

第6問　◀生物基礎・生物▶ 第3問に同じ。

① 勇敢に戦うこと。

② 人の弱点を指摘すること。

③ 極めて危険なこと。

④ 大きな力に反抗すること。

⑤ 意図的に怒らせること。

問3　次の①～⑤のうちで**適当でない表現**はどれか、一つ選んで番号で答えなさい。

① ご高名は存じております。

② お客様のご要望を承ります。

③ ご親切に痛み入ります。

④ 私にお届けしていただけますか。

⑤ あなたの歯に衣《きぬ》を着せぬ言葉で眼が覚めた。

問4　次の①～④の四字熟語を、□部分に漢字一字を補って完成しなさい。

① リレーで優勝し喜色□面で応援席に戻る。

② それを行うのには時期□早だ。

③ 意気□昂として新しい職場に向かう。

④ 選手達は面目□如の演技であった。

問12　次の短歌の空欄［v］・［vi］にあてはまる最も適当な言葉を後の①～⑤のうちからそれぞれ一つ選んで、番号で答えなさい。

(1)　たは《わ》むれに母を背負ひ《い》て
そのあまり軽《かろ》きに泣きて
［v］歩まず（石川啄木『一握の砂』）

(2)　みちのくの母の［vi］を一目見ん一目みんとぞただにいそげる（斎藤茂吉『赤光』）

①　いのち　②　三歩　③　すがた　④　一歩　⑤　あゆみ

【三】　次の問1～問4の各問いに答えなさい。

問1　次の①～⑤のうちで適当な表記・表現のものを一つ選んで、番号で答えなさい。

①　今からでは、十日の菊、六日のあやめで遅すぎるよ。
②　夏の日はつるべ落としのように暮れた。
③　バレー部は、紛骨砕身してがんばり優勝した。
④　彼は高校入学後の一年間で有秀の美をかざり一番となった。
⑤　彼は長いマラソンを汗顔の至りでゴールした。

問2　「虎の尾を踏む」の意味として最も適当なものを①～⑤のうちから一つ選んで、番号で答えなさい。

私は、こういう作品を書いてから二十年ほど過ぎてから、ようやく、現実というものを、こういう作品のように傍から［Ⅰ］に［Ⅱ］に見るだけでは、人間らしく生きたということにならず、私たちは現実の中に生きながら、すこしでもそれをあらためてゆくようにするべきであり、文学はそのようなこととは無関係であるはずはない、と思うようになった。まったく鈍いことであった。

① Ⅰ物理的・Ⅱ質的　② Ⅰ形式的・Ⅱ外見的　③ Ⅰ感覚的・Ⅱ心理的　④ Ⅰ原理的・Ⅱ根本的

問11　次の⑴と⑵は、文学史についての説明である。空欄［ⅰ］・［ⅱ］・［ⅲ］・［ⅳ］にあてはまる最も適当なものを後の①～⑤のうちからそれぞれ一つ選んで、番号で答えなさい。

⑴大正末期から昭和初期にかけて、プロレタリア文学と対立し展開した文学に、［ⅰ］・新興芸術派など、芸術派と総称される運動がある。大正十三年に創刊された雑誌『文芸時代』によった文学運動を［ⅰ］といい、横光利一・川端康成らがいる。
［ⅰ］の後を受け継ぎ、反マルクス主義（反プロレタリア文学）で純文学的立場に立つ新興芸術派ができた。中村武羅夫・舟橋聖一・阿部知二・［ⅱ］・堀辰雄・梶井基次郎らであった。

① 白樺派　② 新感覚派　③ 耽美派　④ 有島武郎　⑤ 井伏鱒二

⑵川端康成は、「日本の山河を魂として」生きてゆく決意を語り、鎌倉がでてくる『［ⅲ］』で伝統的な日本の美を描いた。新戯作派の太宰治は、『［ⅳ］』など破滅型の小説世界を築いた。

① 人間失格　② 細雪　③ 山の音　④ 測量船　⑤ 若菜集

問7　傍線部F「縦に歴史を考えること」について、「彼」が「横」に考えているものは何か。最も適当なものを次の①～④のうちから一つ選んで、番号で答えなさい。

①王朝の歴史　②土地の広がり　③国家の興亡　④東洋史

問8　傍線部G「眠られぬ夜の友達」と「彼」はどのようなことをするのか。本文中から八十五字以上九十五字以内（句読点を含む）の一文で抜き出し、はじめと終わりの五字を書きなさい。

問9　傍線部H「いつも薄い膜の奥からのぞいている」について、本文と合致しているものはどれか。最も適当なものを次の①～④から一つ選んで、番号で答えなさい。

①地図にある平和な世界よりも現実の歴史は、「彼」にとっては手ごわすぎた。連想によって地図の記憶が曖昧になった浮遊感覚。

②想像上の地形の世界よりも実在の曲線は、「彼」にとってあまりに激しい色彩だ。接触によって臆病になった過敏な感覚。

③空想の景色よりも実際の景色は、従順ではなく、「彼」に美も感じさせない。単調さによって生きた人間と交渉している融合感覚。

④地図の空想世界よりも現実世界は、実体をもって強く「彼」にせまってくる。空想によって直接的な接触をしていない心理感覚。

問10　次の文章は、本文の作者である阿部知二のあとがきである。空欄［Ⅰ］・［Ⅱ］にあてはまる最も適当な言葉の組み合わせを後の①～④のうちから一つ選んで、番号で答えなさい。

③ 机の底にあった地図は、秘密のものであって、人にみられてもわかるように川の流れを整えてつくってはいなかったから。

④ 子どもらしい地図と専門家がつくった地図や地球儀を比べてみると、全体的な仕上がりに芸術的完成度が欠けているから。

問5　傍線部D「この時ほど兄を親切だとおもったことはあまりない。」について、「この時」の「彼」の心情を述べたものとして、最も適当なものはどれか。次の①～④のうちから一つ選んで、番号で答えなさい。

①「彼」は地理について真実を知っていたうえで思うままの地形を表現したのだが、理由を説明しなくて済み、ほっとするとともに、誠実な兄によって自分の地図は他者からは単なる虚構にしかみえないことに改めて気づかされた。

②「彼」は地形についての自分の好みがひどく偏っていることを認識していたのだが、その場で詳細をきかれずに終わって感謝するとともに、真面目な兄の指摘で想像の地図をかいたことに罪の意識を持った。

③「彼」は地図についての広い知識を活用して実在のあるがままの世界を形象化したのだが、冷静な判断に欠けていたと後悔するとともに、温厚な兄の態度によって現実と似たような連想世界をかいたと意識した。

④「彼」は地上についての想像力を駆使し、真実とは逆の環境を絵に描いたのだが、考える時間を与えられて自戒するとともに、普段は優しい兄の唐突で鋭い批判によって奇妙な地図をかいたと思った。

問6　傍線部E「白け切った嘘の感情」と**合致しないもの**を次の①～④のうちから一つ選んで、番号で答えなさい。

① 少年の空想の死骸　② 破れてしまった幻影　③ 滑稽な秘密　④ 深い愉楽の世界

——阿部知二『地図』——

注1 石板……ノートの代わりにしていた石の板。
注2 フォエニシア……フェニキア。古代、地中海沿岸に発展した民族と国家の総称。

問1 空欄［ア］～［エ］に入る最も適当な言葉を次の①～④のうちからそれぞれ一つ選んで、番号で答えなさい。

① もはや ② ほとんど ③ たとえば ④ やがて

問2 傍線部A「空想の地図」の「空想」と同じ意味で使われている言葉を本文中から二字で抜き出して、書きなさい。

問3 傍線部B「子どもらしい空想」の中で「彼」が感じている心情が表現されている形容詞のうち、本文中の同じ段落から四つを選んで、それぞれ終止形で書きなさい。

問4 傍線部C「理屈に合わないよ」の理由として、最も適当なものを次の①～④のうちから一つ選んで、番号で答えなさい。

① 「彼」がかいた地図の山と谷、平地の配置が実際の庭の池と同じで複雑な屈曲や湾岸線など曲線の美を追求しているから。

② 空想の地図が正確な地図や地球儀のようなものでなく、自然の構造や地形をそのままうつした真実の形をしていないから。

なかった。それに、東洋史には、ほかの歴史のような、何か取り繕ったような解釈や思想がなく、裸のままの人間の歴史という気さえする。彼は机の北方の荒涼たる山地や広原に、馬を乗りまわす蛮族をかわるがわる勃興させて、南方の土地に向って侵入させ、いたるところに奇怪な城郭のある都市をつくらせ、また荒廃に帰するままにする。もっとも暖かな地方には、特別な風習をつくらせ、そこには西洋史のフォエニシア[注2]あたりから連想したらしい海洋国民を住まわせて、最初の世界一周をさせたり、思い掛けないところの河口や湾の奥に植民地をつくらせたりする。中央の文明国からは、しじゅう冒険好きの旅行者が、諸方の宮廷に旅したり、勇敢な将軍が蛮族の征服や防御に苦心したりする。

　習癖は消えなかった。机と自分のかく地図の悪戯とは今でもつづいている。高等学校や大学や、出て勤めてからのテーブルにまで彼はそれを求めた。しかし、丁寧にニスの塗りこまれたそれらの上等な机は、あの中学のときの凸凹の机ではなく、彼の空想を嘲けるような顔をしていた。彼の空想の民族の住むに堪《た》えないような土地であった。また、何かの形をみると、すぐそれをノートのはしに書く癖もやめられない。さすがに理屈に合うように、大洋の中の島として書いたりするが、それらは実在の連想によって見る影もなく痛めつけられた、少年の空想の残骸にすぎない。G眠られぬ夜の友達になってくれるのはやはり少年のときの机や、少年のときの地図の記憶であった。彼の中にのこったものは、ただこうして空想の世界の中に、何もかも融《とか》し込んで考えるという癖であった。世の中のことに対しても、彼はきっと何時も完全に接触したことはなく、Hいつも薄い膜の奥からのぞいているのにちがいないと感じていた。実際の世界は手強すぎた。旅行をして、どこの景色を見ても、それはあの幼い日の机の世界のそれのように従順ではなく、あまりに激しい線や色彩や光線や気候を持っていた。そのくせ、空想の土地のように美しくはなく、単調で、その根も知れないような「自然らしさ」が彼を怯《おび》えさせた。その上、彼の気持のままに描かれる「人間」とはすこしの共通点もない、生きた人間との交渉があった。その人間もまた、底知れず強い「自然」らしさで彼にせまるのだった。

つぎつぎに精密になって、中学に入っても、しばらくの間は机の底にあった。［ウ］それを失ってから長いことになるが、彼は今でも、［エ］ありのままに、その楕円形の奇妙な世界の、四方を港に取り巻かれた海や、海に突入した半島や、島や、入口のせまい入江や、湾曲した川や、大都会の位置や、水郷のありかを、ありありと想《おも》い出すことが出来る。街を歩きながらも、ふと心ではそれらの地方をひとりで旅行したりしているのだ。夜など、寝つかれないときに、その地図を思いうかべて、それらの地方を旅行したり、町の歴史を考えたりすることによって、今でもそのおぼろげな地図のおかげで静かに眠りに落ちることが、いくどもある。

　中学に入ったころから、もっと激しい、もっと性質の悪い癖が生れてきた。それはいつ、どんなはずみから起ったのかまったく記憶はない。机の表面には、誰も覗《のぞ》くことのできない深い愉楽の世界があったからだ。というのは、思いがけなく、そこには立派な「地図」があったのだ。ニスが剝《は》げかかった矩形《くけい》の板には、小刀の疵《きず》あとで、ぎざぎざの港湾や、文字の形をした湖水ができている。木理《もくめ》は、あるところでは大山脈のように走り、あるところではなだらかな平原の起伏になっている。ニスの黒ずんだところは開拓されない森林や山地であり、剝げたところは肥沃な平地である。光沢よく剝げたところほど美しい土地である。

　この世界の面白さは、やがてF縦に歴史を考えることによって複雑さをました。現代でこそこの世界はよく統一された平和な国になってはいるが、過去はそうではなかったのだ。民族や国家が興亡した。この想像を助けてくれたものは、東洋史が主であった。それはある若い熱心な教師がおしえてくれただけでなく、本質的に彼の気に入るところがあったのだろうか、熱心に聴いた。王朝の歴史も、蛮族の侵入も、それらがまるで悪戯《いたずら》な空想の産物のように、はげしく奇抜で、また思い切りすばやく興亡することも、また寒帯から熱帯にかけて荒涼とした土地から肥沃な土地まで、絶えず戦争と大土木工事とロマンスと文明がうごきまわり、さまざまの文明の遺趾《いし》がのこることも、とりわけ大旅行家が、中央アジアまでも往復したり、将軍が征服のために西方に進んだり、南方の海岸や中央の河谷をつたって珍奇な宗教や産物や人種が流れこむことなども、すべて東洋史ほど彼にとって愉《たの》しいものは複雑な曲線をつくって流れる。雨がはれて日がかがやいて、川や湖が消えるときはさびしくなった。自分の好きな家族や友達と一緒にすむことを空想した町や、一緒に旅行するはずの景色のいい湖畔や山峡が消えてゆくからであった。

この空想は、[イ]彼の頭に一つの世界を造ってしまった。兄のところから大きな画用紙を持ってきて、まんなかに楕円《だえん》形の池をかく。それがこの世界では海になるので、その海のまわりに国土がある。何年ものあいだ、何度も書きなおすうちに、海はかなり曲折に富むものになり、四方には大きな河が流れこみ、海の中には島がいくつも出来た。

空想の多くは旅行であった。大都会から出発して、海岸をつたって思いがけない港々を通り、川を遡《さかのぼ》って内地に入り、山を越して珍しい土地に入ったりする。軍港のある島があったり、国境に近く要塞ばかりの町があったりする。水に沿った川の三角洲に、美しい少女が住んでいる町もある。

秘密に楽しみながらも、いつも机の底にかくしていたこの地図を、一度兄がみたことがある。それは小学校の五六年になっていたときのことであったが、兄の方から恥ずかしそうにして「これはお前、C理屈に合わないよ。こんな地図は変だよ」というと、そのまま下をむいて黙って行ってしまってくれた。Dこの時ほど兄を親切だとおもったことはあまりない。しかし、彼も真紅になって恥じてしまった。というのは、彼はその頃はもう地球が円いことを十分知っていたし、正確な地図とは、地球儀のようなものでなければならぬということも知っていた。それだからなおさら、地球儀をにくんだ。学校の大きな地球儀、家にある小さな地球儀が、余計な、しかしどうすることも出来ぬ真実をつきつけてくる恐ろしい仇敵《きゅうてき》のようにおもわれた。それでしばらくはこの秘密の地図を忘れることにした。取出してのぞいていても、兄の言葉ではっきり破れてしまった幻影のあとは、E白けきった嘘の感情しか彼におこさせなかったからだ。兄はしかし、この滑稽な秘密を、父にも誰にも話さないでくれた。しばらくすると、彼はまた新しい勇気を出して、何度も書いたり、破ったりして、同じような世界を造り直した。それらは、きる「芸術」のある環境を提唱している。

【二】次の文章を読んで、後の問いに答えなさい。（なお、設問の関係上、文章の一部を改めている。）

子どものときからながいあいだ、本当の世界よりは地図の世界に多く住んでいたといってよかった。それもほとんどが架空の地図の世界であった。最初の幼時の記憶として、ヨーロッパの地図をおもいだす。父が持っていた簡単なものだった。

小学校に入ってから、自分でA空想の地図をつくることをはじめた。紙のはしや、石板[注1]や、庭の土のうえに、簡単な島の形を書いた。それは、ほんとうの地図のもっている魅力に教えられてでもあったが、どちらかといえば、B子どもらしい空想で、いろいろの身のまわりの世界からつくりあげてきたものであった。［ア］、こよりでつくった小さな犬を部屋にならべた時、自分が巨人で、この小人たちが生きているのを見たならばどんなに楽しいだろう、とおもったことがその始まりのひとつだった。また庭の池が空想を刺激した。木を刳《く》って浮かべた舟が、本当の汽船や軍艦だったならば、とかんがえてみる。すると、草の生えた築山が、いつのまにか森に蔽《おお》われた山になり、水ぎわの平地に町が出来る。小人たちが、そこで旅行をしたり商売をしたりする。山を越えて鉄道を敷くために、棒切れをもってきて、その線路を、町から町へと引いてゆく。蟻《あり》の群れが野獣のように小人たちを苦しめるので、それと闘わなければならなかった。雨が降って水溜《たま》りが庭にできるときはいちばん楽しかった。水溜りのつくる複雑な屈曲は、すばらしい海岸線になる。海峡にそった町や、深い入江に沿った港や、入江の中の島や、せまくくびれた地峡や、山の中の湖ができる。それよりもうれしいことは、晴れた日には空想だけでしか描けない川が、雨が降ると庭のなかに縦横に流れて、水溜りの湖や海にそそぎこんだ。低いところを選んで川はたとえようもない問8　傍線部F「間違いなく自分たちにとって良いものであると言い切れる理解」とあるが、筆者の考える「芸術」という語の「理解」として最も適当なものを次の①～④のうちから一つ選んで、番号で答えなさい。

①「芸術」は既存の枠組みを外していくことが目的であり、誰もがその領域に到達する可能性を持っている。
②「芸術」の概念は、誰もが思い描くことができるので、その定義は人それぞれに表現される。
③「芸術」が「芸術」であることは、作者が判断するものではなく、受容する側に委ねられている。
④「芸術」は精神的な理解を指しており、誰もが心に抱くことができる形のない表現である。

問9　この文章の各段落の説明として、**適当でない**ものを、次の①～⑥のうちから**二つ**選んで、番号で答えなさい。ただし、解答の順序は問わない。

①[1]～[2]段落は読者へ問いかけをしながら「デザイン」の話題へ導入し、一般的な「デザイン」の定義と、これから筆者が述べる「デザイン」の考え方が異なることを示している。
②[4]～[5]段落は、筆者自身の経験談を示すことによって読者に「デザインしてみた」という経験を身近な問題として考えさせ、筆者が考える「デザインの本質」に対する理解を促している。
③[6]段落では、ここまでのデザインに対する認識をまとめ、筆者の考える「デザイン」を明確に定義し、[7]段落では、さらに今後の「デザイン」のあり方について提示している。
④[9]～[10]段落は、現代におけるさまざまな「デザイン」、「アート」の定義の例を挙げつつもこれを否定し、「デザイン」や「アート」を言葉で定義することの難しさを示している。
⑤[13]段落は、これまでの視点とは別の視点からの説明として、人間関係が作り出す「業界」がもたらす「デザイン」や「アート」への影響について指摘している。
⑥[14]～[15]段落は本文をまとめ、これまでの「デザイン」や「アート」をすべて否定し、より身近に感じることので

一つ選んで、番号で答えなさい。

①外来語で文化を摂取しようとしても、翻訳ではその国の文化を正確には写し取ることはできないため、やはり英語は英語のまま受け入れるべきであるから。

②日本には〝Design〟や〝Art〟の概念がなく、カタカナで「デザイン」「アート」として受け入れることになったために、日本文化としてはなじまなかったから。

③外来語にはその国の文化にもとづく概念があるが、実際には受け入れる側との文化の違いによって、本来の意味とは異なる意味で用いられてしまう場合があるから。

④西洋文化と接触して間もない明治時代には、一つの外来語に対してさまざまな訳語が用いられたため、それぞれの訳語がひとり歩きしてしまい、本来の意味とは異なる意味の訳語が広がってしまったから。

問7　傍線部E「『関係の網の目』は案外と強く人の思考を決めてしまっている」とはどういうことか。デザインやアートの「作り手」の視点による説明として最も適当なものを次の①～④のうちから一つ選んで、番号で答えなさい。

①「作り手」は、自分たちによるデザインやアートの定義について、「受け手」がその定義を理解し、共有できるような状態を望んでいるということ。

②「作り手」は、自分の所属する業界のプライドをかけて制作活動をしており、競争に勝つためにデザインやアートの分類を強化しているということ。

③「作り手」は、自分の作り出すものがデザインであるかアートであるか明確に定義しており、その定義の範囲で優劣を競って制作活動をしているということ。

④「作り手」は自分のデザインやアートが分類されていることに気付いておらず、人間関係の枠組みでしか制作活動ができなくなっていることにも無関心であるということ。

① デザインはプロが取り仕切る仕事であり、一般の人は挑戦することができない状態。
② デザインはプロのデザイナーの仕事であり、一般の人には敷居が高いと考えられている状態。
③ プロ顔負けのデザインをする一般の人もおり、プロのデザイナーの出番がなくなっている状態。
④ いろいろな人が自分なりにデザインに親しんでいて、その中にはプロのデザイナーもいる状態。

問4　傍線部B「『余計なことは必要』というパラドキシカルな論理」の説明として、最も適当なものを次の①～④から一つ選んで、番号で答えなさい。

① デザインにとって余計な要素が多いほど、そのデザインは完成されるという矛盾した論理。
② デザインにとって不要だと考えられていることが、実際はデザインの魅力であるという矛盾した論理。
③ 必要だと思われていたことが、実際はデザインにとって余計なことであったという逆説的な論理。
④ 不要だと考えられていることが、実際にはデザインとして必要であるという逆説的な論理。

問5　傍線部C「デザインとはデザイナーがすること」と考えられている理由について説明した次の文章の空欄[Ⅰ]、空欄[Ⅱ]に当てはまる部分を、本文中からそれぞれの字数で抜き出して答えなさい。

デザインにとって重要なのは、[Ⅰ　二十～二十五字(句読点を含む)]であり、デザイナーは消費者に対して、経済的な[Ⅱ　五字(句読点を含まない)]しなければならないから。

問6　傍線部D「『デザイン』と〝Design〟、『アート』と〝Art〟のそれぞれがイコールではない」とあるが、なぜそれぞれの言葉は「イコール」ではなく差が生まれるのか。その説明として最も適当なものを次の①～④のうちから高尚で難解な（あるいは俗っぽさやわかりやすさを装った）話にしてしまわず、F間違いなく自分たちにとって良いものであると言い切れる理解へと辿り着きたいと思うのです。

——佐藤直樹「デザインは学べるのか」（中村寛編『芸術の授業』所収）——

注1　ブログ……主に個人が日記などの記事を投稿するウェブサイト。

注2　SNS……Social Networking Service の略。登録された利用者同士が交流できるインターネット上のサービス。

問1　傍線部①～⑩について、漢字は読みをひらがなで、カタカナは漢字（楷書で表記）に改めなさい。

問2　空欄［ア］、［イ］、［ウ］に当てはまる最も適当な語を、それぞれ①～④のうちから一つ選び、番号で答えなさい。

［ア］　①前時代的　②半永久的　③近未来的　④反社会的

［イ］　①一面性　②有益性　③保守性　④両義性

［ウ］　①多様性　②協調性　③具体性　④普遍性

問3　傍線部A「文化としての『デザイン』はまだ十分に定着していない」とあるが、現在のデザインはどのような状態にあると考えられているか。その説明として、最も適当なものを次の①～④のうちから一つ選んで、番号で答えなさい。

た分類＝業界があります。業界というのは人間がつくるものなので、そこは常に有象無象悲喜交々《こもごも》滑稽千万《せんばん》な人間模様の場となります。「そういうの関係ないから」と思っている人でも、作り手であったり送り手であったりしようとすれば、何らかの関係の網の目の中に位置づけられてしまいますし、そのようなE「関係の網の目」は案外と強く人の思考を決めてしまっているものです。普通に生きている中で受け手として出会う「デザイン」や「アート」は入り交じっていますが、それを提供しようとする側はカテゴライズしてしまっている。しかもそれぞれがそれぞれの業界内競争状態にあるため、常にある種の囲いの中で蠢《うごめ》いているのだとも言えます。

14 ここでは、そういった閉じた場所から自由であるはずのものを「芸術」と呼んでみたいのです。芸術的である、芸術の域に達している、芸術としか言いようがない、芸術そのものである、そういったことはすべて他者が他者としてジャッジするしかなく、決して自己申告できるものではありません。ですからそれは、追えども手に入れられない、究極的な⑨憧れのようなものであると言ってもいいでしょう。一方、業界としての「デザイン」や「アート」はあくまで自己申告の世界です。元は違っていたはずですが、いまは良しにつけ悪《あ》しきにつけ、そうなっています。外から見ると不可解な習慣によって成り立っていたりもします。他のすべての業界がそうであるように。その意味では特別に構える必要もないわけですが、簡単には辿り着けない領域がその先にある、ということだけは確かで、そういったことのすべてを含めて、「芸術」には［　ウ　］があると考えます。どんな仕事をしていても、どんな境遇であっても、そこに思いを馳《は》せ、そこを目指し、あるいは目指さずとも接することができる。対象も方法も過程もさまざまではあるでしょうが、「芸術」は誰しも心に抱くことができるのです。

15「芸術」という言葉自体は明治期の訳語であって、近代に特有の個人主義や天才志向、その遅れた受容という日本独特の捩《ねじ》れた背景を持ってしまっています。そういった意味での「芸術」は、正直、私も苦手です。しかし、言葉というのは生き物ですから、含まれている良き成分の方を⑩醸成させたいと思いますし、また、いまはまさに、言葉と概念の対応関係が大きく変わらざるを得なくなっている時期ですから、「芸術」をどこか知らない世界の

9 特に「デザイン」のあれこれを考える際に持ち出される「芸術」という言葉には、毒にも薬にもなるような［　イ　］があります。最近では「アート」という言葉も広く使われますが、そこに含まれるニュアンスは時代とともに変化し続けていますし、いまこの文章を読んでいる人の持つイメージにもかなりの幅があることでしょう。

10 たとえば、「デザインとアートは違う」というような言い方をする人がいます。もちろん違うと私も思いますが、そう言われたからといって何かが掴《つか》めるようになるわけでもありません。もう少し突っ込んで、言葉の比較に耳を傾けてみても、やはりあまりぱっとしません。「デザインとは問題解決であり、アートとは問題提起である」とか。「制限の中で行なうことがデザインであり、制限を外してみせるのがアートである」とか。「デザインは仕事であり、アートは生き方である」とか。一瞬「なるほど」とは思うものの、ただうまいこと言ってみているだけで事の本質を表していないようにも思えます。

11 こういった言説には、D「デザイン」と〝Design〟、「アート」と〝Art〟のそれぞれがイコールではないということに対する感受性がすっぽり抜けているように思われます。私たちは、差し当たって、⑧便宜上、これらの言葉を使ってみているに過ぎません。しかしそのことは時に、物事を本質的に捉えることの障害にもなります。

12 もともと西洋の概念だったこれらの言葉を、さまざまな訳語に当てはめながらも結局うまく使いこなすことができず、外来語のカタカナ言葉として独自の意味で使っている、そんな座りの悪さがまずあるわけです。海外で認知されている〝Design〟や〝Art〟と、日本の国内で流通してきた「デザイン」や「アート」とは違う。こう書けば「それはそうだろう」と誰しも思うでしょう。しかし、その違いは一般的に考えられている以上に大きく、また複雑です。この話をきちんとするには「文化とは何か」というところまで対象を広げなくてはいけなくなってしまうため、どうしても茫洋《ぼうよう》とした長い話にならざるを得ません。

13 ここでひとつ念頭に入れておいてもらいたいのが、「デザイン」であれ「アート」であれ、定義は別として、それぞれに業界のようなものが存在していることです。それぞれの中には細かく「○○デザイン」「○○アート」といっ果たしていることでしょう。そこから「そういうものこそ素晴らしいデザインだ」という結果論が語られもします。しかし、それはやはりあくまで結果論であって、役立ててもらいたくてもそうなっていなかったり、機能させたくても他の不確定要素により③阻害されているのが現実だったりします。説明しづらい魅力を持った存在も世の中にはたくさんあります。役立ち機能するところから考え始めるべきという言い方は、ですから、話が逆な気がするのです。余計なことだろうが何だろうが、ただやってみたもののうち、残るものもあるのだと。B「余計なことは必要」というパラドキシカルな論理。一方、ビジネスの世界では「成果を保証します」ということが言いたいわけで、「プロに頼めば間違いない」という道筋が必要になります。そんなところから「デザインとはデザイナーがすること」といった規定が導かれてきたと言ってもいいでしょう。「素人がやることなどデザインではなく手芸か何かの延長に過ぎない」といった、決定的な線引きをしておかなければ具合が良くないと旧来のプロは考えたわけです。実際ここ数十年は、文化に関わるさまざまな営みが経済的な生産性と消費の尺度に呑《の》み込まれてきた流れがありましたから、そこに疑いを挟み難い時期が続きました。

7 しかしいま、事態は大きく変わろうとしています。「Cデザインとはデザイナーがすること」という言い方は「文字の読み書きは知的④カイソウにある者の仕事」というくらい[ア]になって行くだろうと思います。⑤焦りを感じているデザイナーやデザイン科の学生もいるかもしれませんが、それはただ単に視野が狭くなっているためではないかと思うのです。やはり料理と料理人の関係を考えるのが一番いいヒントになる気がします。いかに料理が好きかの度合いとプロアマの選択は別問題と考えるべきでしょう。

8 何かに⑥コウケンしなければという思いは⑦キョウハク観念である場合も多いでしょうし、かと言って「作品」のように考えさえすれば好き勝手やっていいということにもなりません。どちらにも何かしら不自然なところがあります。いまは本質に関わった話をしなければ前に進めなくなっている時期なのだと思います。

（中略）

夫してみた」とか「いじってみた」とか「①カザってみた」とか「カスタマイズしてみた」とかなら思い出せることがたくさんあるんじゃないでしょうか。そこから「デザインしてみた」までは、ほんのちょっとの距離だと思うのですが。

[3]何かを真似てそっくりにしようとする習性が人にはあります。言葉がそうですけれど、いきなりオリジナルな言葉を発しようとする人はいません。語りかけられた言葉をそのまま返して、そのやりとりだけで嬉《うれ》しくなって、いつのまにか覚えてしまっている。そして、成長して、自分なりに使いこなして、気の利いた返しや独特の言い回しなどもするようになる。それを仕事にしようと考える人も出てくる。

[4]私の場合、「デザインらしきこと」の最初の記憶は、幼少期にリンゴの木箱を電車の車両に見立てて、色を塗ってみたことです。それは何となくうまくやれた記憶として残っているのですが、もちろん失敗の記憶もあります。小学校に上がる前、野球の白いユニフォームを自分で何とかしようとしたのです。好きなチームのロゴを胸の位置に書こうとして、マジックインキが布に触れた瞬間滲《にじ》みが広がり、「しまった！」という取り返しのつかない絶望感に②オソわれました。

[5]こんなふうに記憶を辿《たど》ってみると、あなたにもいろいろと「デザインしてみた」経験はあるでしょう。少なくとも「しようとしてみた」ことくらいはあるんじゃないでしょうか。服の細部にアクセントを入れ（ようとし）てみたり。自転車を改造し（ようとし）てみたり。しませんでしたか？

[6]他人から「何という余計なことを！」と言われるような行為をついしてしまったという経験があると思うのです。「そんなことデザインとは何の関係もないよ」と言う人もいるかもしれませんが、「デザインの原石」はその中にこそ隠れていると考えた方が腑《ふ》に落ちるところがあります。少なくとも私にとっての「デザイン」はそういうことの延長にありますし、人の役に立つとか、うまく機能するとか、重要ではあってもそこはまた別筋の問題であると考えるのです。誰の役にも立たず、何の機能も果たさなければ、存在すること自体が危うくなります。目くじら立てなくとも自然とそうなるわけです。逆に、残っているもののほとんどは誰かの役に立ち、何らかの機能も

国語

（六〇分）

【一】次の文章を読んで、後の問いに答えなさい。（なお、設問の関係上、文章の一部を改めており、各段落に①～⑮の番号を付している。）

①あなたが生まれて初めて「デザインしてみた」のはいつ、何がきっかけだったでしょう。「え、私、デザイナーじゃないのでデザインなんかしたことありません」と答える人もいるかもしれません。しかし、「デザインとはデザイナーがすること」というのも、考えてみたらおかしな話だと思いませんか。たとえば「料理とは料理人がすること」ではありません。「プロの料理人の手による料理もある」だけです。プロ顔負けの料理をつくる人はたくさんいますが、だからと言ってプロが存在しなくなるわけでもありません。文章などもそうだと思います。いまは皆がブログ[注1]やSNS[注2]などで日常的にたくさんの文章を書いていますけれど、そうであっても書き手のプロはプロとして存在します。写真もそうでしょう。演奏なんかも。歌も。踊りも。スポーツも。いろいろな人がいろいろに親しんでいて、中にはプロもいる。そういうのが文化として豊かな状態と言えるんじゃないか。だとするとA文化としての「デザイン」はまだ十分に定着していない分野と言えるかもしれません。少なくとも成熟には程遠いと言わざるを得ません。

②さて、ここでまた最初の問いに戻ります。おそらく「デザインしてみた」経験は誰にでもあるはずなのです。「工

解答編

英語

1 解答　Ⅰ　問1．イ　問2．ア　問3．ウ　問4．ア
問5．エ

Ⅱ　問1．エ　問2．イ　問3．ウ　問4．イ　問5．イ

2 解答　問1．ア　問2．エ　問3．エ　問4．イ　問5．ウ
問6．イ　問7．ア　問8．イ　問9．イ　問10．ウ

3 解答　問1．①―ウ　②―イ　問2．③―ウ　④―ア
問3．⑤―イ　⑥―ア　問4．⑦―ウ　⑧―ア
問5．⑨―ア　⑩―ウ

4 解答　Ⅰ　問1．○　問2．○　問3．○　問4．×
問5．×

Ⅱ　問1．⑤　問2．⑤　問3．③　問4．②　問5．①

5 解答　≪各国の性別役割分業意識≫

①―カ　②―エ　③―イ　④―エ　⑤―ア　⑥―カ

6 解答　≪英語に堪能な人が陥る落とし穴―批判的思考の勧め≫

問1．ウ　問2．ア　問3．エ　問4．イ
問5．(1)―○　(2)―×　(3)―×　(4)―○　(5)―○
問6．pitfalls

理科

◀化学基礎・化学▶

1　解答　≪産業利用されている繊維や樹脂，リサイクル≫

問１．名称：シルク　由来：昆虫　　名称：ウール　由来：畜産動物

名称：コットン　由来：多年草を含む草花

問２．ポリエチレン

問３．方法１：マテリアルリサイクル　方法２：ケミカルリサイクル

問４．リユース，リデュース

2　解答　≪物質を構成する基本粒子の構造とその結晶の性質≫

問１．(1)1　(2)静電気力（クーロン力）　(3)イオン　(4)共有

(5)ダイヤモンド　(6)炭素　(7)分子間　(8)分子結晶　(9)昇華　(10)自由電子

(11)電気　(12)延性　［a］Ne　［b］Ar

問２．Si

問３．ヨウ素

3　解答　≪醤油中の塩分濃度と水溶液の調整≫

問１．3.26〔g〕

問２．387.6〔mL〕

問３．13〔杯〕

問４．0.14〔mol/L〕

4　解答　≪窒素とその化合物の性質≫

問1．(1)酸化　(2)二酸化窒素　(3)血管

問2．$NH_4NO_2 \longrightarrow N_2 + 2H_2O$

問3．名称：三酸化二窒素　分子式：N_2O_3

問4．$3Cu + 8HNO_3 \longrightarrow 3Cu(NO_3)_2 + 4H_2O + 2NO$

問5．$Cu + 4HNO_3 \longrightarrow Cu(NO_3)_2 + 2H_2O + 2NO_2$

問6．示性式：$CH_2(ONO_2)CH(ONO_2)CH_2(ONO_2)$

名称：ニトログリセリン

5　解答　≪鉄化合物の水溶液と沈殿≫

問1．化学式：$FeCl_3 \cdot 6H_2O$　水溶液の色：黄褐色

問2．化学式：$Fe(OH)_3$　沈殿の色：赤褐色

問3．化学式：$FeSO_4 \cdot 7H_2O$　水溶液の色：淡緑色

問4．化学式：$Fe(OH)_2$　沈殿の色：緑白色

問5．下線③：紺青（またはベルリンブルー，プルシアンブルー）

下線⑥：ターンブルブルー

6　解答　≪$C_4H_{10}O$ で表される有機化合物の構造とその性質≫

問1．ヒドロキシ基

問2．$2C_4H_9OH + 2Na \longrightarrow 2C_4H_9ONa + H_2$

問3．反応前：$CH_3CH_2CH_2CH_2OH$　反応後：$CH_3CH_2CH_2CHO$

問4．名称：酪酸　示性式：$CH_3CH_2CH_2COOH$

問5．ジエチルエーテル

◀生物基礎・生物▶

1　解答　≪細胞に関する研究史，細胞の大きさ≫

問1．a—⑩　b—⑥　c—③　d—⑧　e—⑤　f—④　g—⑨

問2．細胞小器官

問3．(ア)，(ウ)，(オ)

問4．i—(お)　ii—(く)　iii—(け)　iv—(い)　v—(う)　vi—(か)　vii—(え)　viii—(き)　ix—(こ)　x—(あ)

2　解答　≪遷　移≫

問1．②・④

問2．①・④

問3．③・⑤

問4．②・⑤

問5．①・③

問6．①・③

問7．④→②→①→③→⑤　または　④→②→①→⑤→③

問8．メジロが広範囲を回ることでヤブツバキの花粉媒介の効率や遺伝的多様性が増すから。(40字以内)

3　解答　≪肝臓のはたらき≫

問1．ア—③　イ—②　ウ—⑧　エ—⑪　オ—⑨　カ—⑥　キ—⑤　ク—①

問2．血中酸素濃度：②　血中グルコース濃度：③　血中尿素濃度：④

4　解答　≪筋収縮のしくみ≫

問1．a：ADP　b：酸素　c：シナプス小胞　d：アセチルコリン

e：筋小胞体　f：カルシウムイオン　g：アクチン　h：能動

問2．乳酸

5 解答 ≪染色体，減数分裂≫

問1．常染色体数：44本　性染色体数：2本

問2．i：リン酸　ii：塩基　iii・iv—A：T，C：G　v：二重らせん

問3．66組

問4．①2　②遺伝　③2　④細胞質分裂　⑤4　⑥前期　⑦二価染色体　⑧2　⑨乗換え　⑩組換え

問5．16通り

〔注〕問3．3つの遺伝子座が同一の染色体上にあるとし，それぞれ，A/a，C/D/E（複対立），B/bの対立遺伝子をもつとする。このとき，1本の染色体について，3つの遺伝子座の対立遺伝子の組み合わせ（A-C-B，a-D-bなど）については，$2\times3\times2=12$種類ある。よって，1組（2本）の相同染色体がそれぞれ違う対立遺伝子の組合せをもつためには，この12種類から2種類を選べばよく，求める相同染色体の組の数は ${}_{12}C_2=\frac{12\times11}{2}=66$ 組となる。

6 解答 ≪植物ホルモン≫

問1．I：エチレン　II：サイトカイニン

問2．(c)

問3．(B)のバナナの果実の方が(A)のバナナの果実に比べて早く熟して黄色になる（35字以内）

問4．(ア)

問5．α—③　β—②　γ—①

問6．離層

◀化学基礎・生物基礎▶

1 **解答** ◀化学基礎・化学▶ 1 に同じ。

2 **解答** ◀化学基礎・化学▶ 2 に同じ。

3 **解答** ◀化学基礎・化学▶ 3 に同じ。

4 **解答** ◀生物基礎・生物▶ 1 に同じ。

5 **解答** ◀生物基礎・生物▶ 2 に同じ。

6 **解答** ◀生物基礎・生物▶ 3 に同じ。

解答

問1 ア―③ イ―④ ウ―① エ―②
問2 架空
問3 楽しい・すばらしい・うれしい・さびしい
問4 ②
問5 ①
問6 ④
問7 ②
問8 夜など、寝〜どもある。
問9 ④
問10 ③
問11 i―② ii―⑤ iii―③ iv―①
問12 v―② vi―①

三

解答

問1 ①
問2 ③
問3 ④
問4 ①―満 ②―尚 ③―軒 ④―躍

国語

一

出典　佐藤直樹「デザインは学べるのか」（中村寛編『芸術の授業』弘文堂）

解答

問1　①—飾　②—襲　③—そがい　④—階層　⑤—あせ　⑥—貢献　⑦—強迫　⑧—べんぎ　⑨—あこが
⑩—じょうせい

問2　ア—①　イ—④　ウ—④

問3　②

問4　④

問5　Ⅰ—誰かの役に立ち、何らかの機能も果たしていること
Ⅱ—成果を保証

問6　③

問7　④

問8　③

問9　③・⑥

二

出典　阿部知二「地図」（『冬の宿　他一篇』岩波文庫）

MEMO

MEMO

MEMO

MEMO

MEMO

教学社　刊行一覧

2022年版 大学入試シリーズ（赤本）

378大学538点
全都道府県を網羅

国公立大学（都道府県順）

1 北海道大学（文系－前期日程）
2 北海道大学（理系－前期日程） 医
3 北海道大学（後期日程）
4 旭川医科大学（医学部〈医学科〉） 医
5 小樽商科大学
6 帯広畜産大学
7 北海道教育大学
8 室蘭工業大学／北見工業大学
9 釧路公立大学
10 公立はこだて未来大学 総推
11 札幌医科大学（医学部） 医
12 弘前大学 医
13 岩手大学
14 岩手県立大学・盛岡短期大学部・宮古短期大学部
15 東北大学（文系－前期日程）
16 東北大学（理系－前期日程） 医
17 東北大学（後期日程）
18 宮城教育大学
19 宮城大学
20 秋田大学 医
21 秋田県立大学
22 国際教養大学 総推
23 山形大学 医
24 福島大学
25 会津大学
26 福島県立医科大学（医・保健科学部） 医
27 茨城大学（文系）
28 茨城大学（理系）
29 筑波大学（推薦入試） 医 総推
30 筑波大学（一般選抜） 医
31 宇都宮大学
32 群馬大学 医
33 群馬県立女子大学
34 高崎経済大学
35 前橋工科大学
36 埼玉大学（文系）
37 埼玉大学（理系）
38 千葉大学（文系－前期日程）
39 千葉大学（理系－前期日程） 医
40 千葉大学（後期日程） 医
41 東京大学（文科） CD
42 東京大学（理科） CD 医
43 お茶の水女子大学
44 電気通信大学
45 東京医科歯科大学 医
46 東京外国語大学 CD
47 東京海洋大学
48 東京学芸大学
49 東京藝術大学
50 東京工業大学
51 東京農工大学
52 一橋大学（前期日程） CD
53 一橋大学（後期日程）
54 東京都立大学（文系）
55 東京都立大学（理系）
56 横浜国立大学（文系）
57 横浜国立大学（理系）
58 横浜市立大学（国際教養・国際商・理・データサイエンス・医〈看護〉学部）
59 横浜市立大学（医学部〈医学科〉） 医
60 新潟大学（人文・教育〈文系〉・法・経済科・医〈看護〉・創生学部）
61 新潟大学（教育〈理系〉・理・医〈看護を除く〉・歯・工・農学部） 医
62 新潟県立大学 新
63 富山大学（文系）
64 富山大学（理系） 医
65 富山県立大学
66 金沢大学（文系）
67 金沢大学（理系） 医
68 福井大学（教育・医〈看護〉・工・国際地域学部）
69 福井大学（医学部〈医学科〉） 医
70 福井県立大学
71 山梨大学（教育・医〈看護〉・工・生命環境学部）
72 山梨大学（医学部〈医学科〉） 医
73 都留文科大学
74 信州大学（文系－前期日程）
75 信州大学（理系－前期日程） 医
76 信州大学（後期日程）
77 公立諏訪東京理科大学 総推
78 岐阜大学（前期日程） 医
79 岐阜大学（後期日程） 医
80 岐阜薬科大学
81 静岡大学（前期日程）
82 静岡大学（後期日程）
83 浜松医科大学（医学部〈医学科〉） 医
84 静岡県立大学
85 静岡文化芸術大学
86 名古屋大学（文系）
87 名古屋大学（理系） 医
88 愛知教育大学
89 名古屋工業大学
90 愛知県立大学
91 名古屋市立大学（経済・人文社会・芸術工・看護・総合生命理学部）
92 名古屋市立大学（医学部） 医
93 名古屋市立大学（薬学部）
94 三重大学（人文・教育・医〈看護〉学部）
95 三重大学（医〈医〉・工・生物資源学部） 医
96 滋賀大学
97 滋賀医科大学（医学部〈医学科〉） 医
98 滋賀県立大学
99 京都大学（文系）
100 京都大学（理系） 医
101 京都教育大学
102 京都工芸繊維大学
103 京都府立大学
104 京都府立医科大学（医学部〈医学科〉） 医
105 大阪大学（文系） CD
106 大阪大学（理系） 医
107 大阪教育大学
108 大阪公立大学（現代システム科学域〈文系〉・文・法・経済・商・看護・生活科〈居住環境・人間福祉〉学部－前期日程）
109 大阪公立大学（現代システム科学域〈理系〉・理・工・農・獣医・医・生活科〈食栄養〉学部－前期日程） 医
110 大阪公立大学（中期日程）
111 大阪公立大学（後期日程）
112 神戸大学（文系－前期日程）
113 神戸大学（理系－前期日程） 医
114 神戸大学（後期日程）
115 神戸市外国語大学 CD
116 兵庫県立大学（国際商経・社会情報科・看護学部）
117 兵庫県立大学（工・理・環境人間学部）
118 奈良教育大学／奈良県立大学
119 奈良女子大学
120 奈良県立医科大学（医学部〈医学科〉－学校推薦型選抜・一般選抜前期日程） 医 総推
121 奈良県立医科大学（医学部〈医学科〉－一般選抜後期日程） 医
122 和歌山大学
123 和歌山県立医科大学（医・薬学部） 医
124 鳥取大学 医
125 公立鳥取環境大学
126 島根大学 医
127 岡山大学（文系）
128 岡山大学（理系） 医
129 岡山県立大学
130 広島大学（文系－前期日程）
131 広島大学（理系－前期日程） 医
132 広島大学（後期日程）
133 尾道市立大学 総推
134 県立広島大学
135 広島市立大学
136 福山市立大学 総推
137 山口大学（人文・教育〈文系〉・経済・医〈看護〉・国際総合科学部）
138 山口大学（教育〈理系〉・理・医〈看護を除く〉・工・農・共同獣医学部） 医
139 山陽小野田市立山口東京理科大学 新 総推
140 下関市立大学／山口県立大学
141 徳島大学 医
142 香川大学 医
143 愛媛大学 医
144 高知大学 医
145 高知工科大学
146 九州大学（文系－前期日程）
147 九州大学（理系－前期日程） 医
148 九州大学（後期日程）
149 九州工業大学
150 福岡教育大学
151 北九州市立大学
152 九州歯科大学
153 福岡県立大学／福岡女子大学
154 佐賀大学 医
155 長崎大学（文系）
156 長崎大学（理系） 医
157 長崎県立大学 総推
158 熊本大学（文・教育・法・医〈看護〉学部）
159 熊本大学（理・医〈看護を除く〉・薬・工学部） 医
160 熊本県立大学
161 大分大学（教育・経済・医〈看護〉・理工・福祉健康科学部）
162 大分大学（医学部〈医学科〉） 医
163 宮崎大学（教育・医〈看護〉・工・農・地域資源創成学部）
164 宮崎大学（医学部〈医学科〉） 医
165 鹿児島大学（文系）
166 鹿児島大学（理系） 医
167 琉球大学 医

2022年版 大学入試シリーズ（赤本）

国公立大学 その他

国公立大学 その他

168 〔国公立大〕医学部医学科 総合型選抜・学校推薦型選抜 医 総推
169 看護・医療系大学〈国公立 東日本〉
170 看護・医療系大学〈国公立 中日本〉
171 看護・医療系大学〈国公立 西日本〉
172 海上保安大学校／気象大学校
173 航空保安大学校
174 国立看護大学校
175 防衛大学校 総推
176 防衛医科大学校（医学科） 医
177 防衛医科大学校（看護学科）

※No.168～171の収載大学は赤本ウェブサイト（http://akahon.net/）でご確認ください。

私立大学①

北海道の大学（50音順）

201 札幌大学
202 札幌学院大学
203 北星学園大学・短期大学部
204 北海学園大学
205 北海道医療大学
206 北海道科学大学
562 北海道武蔵女子短期大学 新
207 酪農学園大学（獣医学群〈獣医学類〉）

東北の大学（50音順）

208 岩手医科大学（医・歯・薬学部） 医
209 仙台大学 総推
210 東北医科薬科大学（医・薬学部） 医
211 東北学院大学
212 東北工業大学
213 東北福祉大学
214 宮城学院女子大学 総推

関東の大学（50音順）

あ行（関東の大学）

215 青山学院大学（法・国際政治経済学部－個別学部日程）
216 青山学院大学（経済学部－個別学部日程）
217 青山学院大学（経営学部－個別学部日程）
218 青山学院大学（文・教育人間科学部－個別学部日程）
219 青山学院大学（総合文化政策・社会情報・地球社会共生・コミュニティ人間科学部－個別学部日程）
220 青山学院大学（理工学部－個別学部日程）
221 青山学院大学（全学部日程）
222 麻布大学（獣医、生命・環境科学部）
223 亜細亜大学
224 跡見学園女子大学
225 桜美林大学
226 大妻女子大学・短期大学部

か行（関東の大学）

227 学習院大学（法学部－コア試験）
228 学習院大学（経済学部－コア試験）
229 学習院大学（文学部－コア試験）
230 学習院大学（国際社会科学部－コア試験）
231 学習院大学（理学部－コア試験）
232 学習院女子大学
233 神奈川大学（給費生試験）
234 神奈川大学（一般入試）
235 神奈川工科大学
236 鎌倉女子大学・短期大学部
237 川村学園女子大学
238 神田外語大学
239 関東学院大学
240 北里大学（理学部）
241 北里大学（医学部） 医
242 北里大学（薬学部）
243 北里大学（看護・医療衛生学部）
244 北里大学（獣医・海洋生命科学部）
245 共立女子大学・短期大学
246 杏林大学（医学部） 医
247 杏林大学（保健学部）
248 群馬パース大学 新 総推
249 慶應義塾大学（法学部）
250 慶應義塾大学（経済学部）
251 慶應義塾大学（商学部）
252 慶應義塾大学（文学部） 総推
253 慶應義塾大学（総合政策学部）
254 慶應義塾大学（環境情報学部）
255 慶應義塾大学（理工学部）
256 慶應義塾大学（医学部） 医
257 慶應義塾大学（薬学部）
258 慶應義塾大学（看護医療学部）
259 工学院大学
260 國學院大學
261 国際医療福祉大学 医
262 国際基督教大学
263 国士舘大学
264 駒澤大学（一般選抜T方式・S方式）
265 駒澤大学（全学部統一日程選抜）

さ行（関東の大学）

266 埼玉医科大学（医学部） 医
267 相模女子大学・短期大学部
268 産業能率大学
269 自治医科大学（医学部） 医
270 自治医科大学（看護学部）／東京慈恵会医科大学（医学部〈看護学科〉）
271 実践女子大学・短期大学部 総推
272 芝浦工業大学（前期日程、英語資格・検定試験利用方式）
273 芝浦工業大学（全学統一日程・後期日程）
274 十文字学園女子大学
275 淑徳大学
276 順天堂大学（医学部） 医
277 順天堂大学（スポーツ健康科・医療看護・保健看護・国際教養・保健医療学部） 総推
278 上智大学（神・文・総合人間科学部） 総推
279 上智大学（法・経済学部） 総推
280 上智大学（外国語・総合グローバル学部） 総推
281 上智大学（理工学部） 総推
282 上智大学（TEAP スコア利用型）
283 湘南工科大学
284 昭和大学（医学部） 医
285 昭和大学（歯・薬・保健医療学部）
286 昭和女子大学
287 昭和薬科大学
288 女子栄養大学・短期大学部
289 白百合女子大学
290 成蹊大学（法学部－A方式）
291 成蹊大学（経済・経営学部－A方式）
292 成蹊大学（文学部－A方式）
293 成蹊大学（理工学部－A方式）
294 成蹊大学（E方式・G方式・P方式）
295 成城大学（経済・法学部－A方式）
296 成城大学（文芸・社会イノベーション学部－A方式）
297 成城大学（S方式〈全学部統一選抜〉）
298 聖心女子大学
299 清泉女子大学
300 聖徳大学・短期大学部
301 聖マリアンナ医科大学 医
302 聖路加国際大学（看護学部）
303 専修大学（スカラシップ・全国入試）
304 専修大学（学部個別入試）
305 専修大学（全学部統一入試）

た行（関東の大学）

306 大正大学
307 大東文化大学
308 高崎健康福祉大学 総推
309 高千穂大学
310 拓殖大学
311 玉川大学
312 多摩美術大学
314 千葉工業大学
315 千葉商科大学
316 中央大学（法学部－学部別選抜）
317 中央大学（経済学部－学部別選抜）
318 中央大学（商学部－学部別選抜）
319 中央大学（文学部－学部別選抜）
320 中央大学（総合政策学部－学部別選抜）
321 中央大学（国際経営・国際情報学部－学部別選抜）
322 中央大学（理工学部－学部別選抜）
323 中央大学（6学部共通選抜）
324 中央学院大学
325 津田塾大学
326 帝京大学（薬・経済・法・文・外国語・教育・理工・医療技術・福岡医療技術学部）
327 帝京大学（医学部） 医
328 帝京科学大学 総推
329 帝京平成大学 総推
330 東海大学（医〈医〉学部を除く－一般選抜）
331 東海大学（文系・理系学部統一選抜）
332 東海大学（医学部〈医学科〉） 医
333 東京医科大学（医学部〈医学科〉） 医
334 東京家政大学・短期大学部 総推
335 東京経済大学
336 東京工科大学
337 東京工芸大学
338 東京国際大学
339 東京歯科大学／日本歯科大学／大阪歯科大学（歯学部）
340 東京慈恵会医科大学（医学部〈医学科〉） 医
341 東京情報大学
342 東京女子大学
343 東京女子医科大学（医学部） 医
344 東京電機大学
345 東京都市大学

2022年版 大学入試シリーズ（赤本）

私立大学②

346 東京農業大学
347 東京薬科大学（薬学部） 総推
348 東京薬科大学（生命科学部） 総推
349 東京理科大学（理学部〈第一部〉－B方式）
350 東京理科大学（理工学部－B方式）
351 東京理科大学（工学部－B方式）
352 東京理科大学（先進工学部－B方式）
353 東京理科大学（薬学部－B方式）
354 東京理科大学（経営学部－B方式）
355 東京理科大学（C方式、グローバル方式、理学部〈第二部〉－B方式）
356 東邦大学（医学部） 医
357 東邦大学（薬学部）
358 東邦大学（理・看護・健康科学部）
359 東洋大学（文・経済・経営・法・社会・国際・国際観光学部）
360 東洋大学（情報連携・ライフデザイン・理工・総合情報・生命科・食環境科学部）
361 東洋英和女学院大学 総推
362 常磐大学・短期大学 総推
363 獨協大学
364 獨協医科大学（医学部） 医

な行（関東の大学）

365 二松学舎大学
366 日本大学（法学部）
367 日本大学（経済学部）
368 日本大学（商学部）
369 日本大学（文理学部〈文系〉）
370 日本大学（文理学部〈理系〉）
371 日本大学（芸術学部）
372 日本大学（国際関係学部）
373 日本大学（危機管理・スポーツ科学部）
374 日本大学（理工学部）
375 日本大学（生産工・工学部）
376 日本大学（生物資源科学部）
377 日本大学（医学部） 医
378 日本大学（歯・松戸歯学部）
379 日本大学（薬学部）
380 日本大学（N全学統一方式） 医
381 日本医科大学 医
382 日本工業大学
383 日本獣医生命科学大学
384 日本女子大学
385 日本体育大学

は行（関東の大学）

386 白鷗大学（学業特待選抜・一般選抜）
387 フェリス女学院大学
388 文教大学
389 法政大学（法〈法律・政治〉・国際文化・キャリアデザイン学部－A方式）
390 法政大学（法〈国際政治〉・文・経営・人間環境・グローバル教養学部－A方式）
391 法政大学（経済・社会・現代福祉・スポーツ健康学部－A方式）
392 法政大学（情報科・デザイン工・理工・生命科学部－A方式）
393 法政大学（T日程〈統一日程〉・英語外部試験利用入試）
394 星薬科大学 総推

ま行（関東の大学）

395 武蔵大学
396 武蔵野大学
397 武蔵野美術大学
398 明海大学
399 明治大学（法学部－学部別入試）
400 明治大学（政治経済学部－学部別入試）
401 明治大学（商学部－学部別入試）
402 明治大学（経営学部－学部別入試）
403 明治大学（文学部－学部別入試）
404 明治大学（国際日本学部－学部別入試）
405 明治大学（情報コミュニケーション学部－学部別入試）
406 明治大学（理工学部－学部別入試）
407 明治大学（総合数理学部－学部別入試）
408 明治大学（農学部－学部別入試）
409 明治大学（全学部統一入試）
410 明治学院大学（A日程）
411 明治学院大学（全学部日程）
412 明治薬科大学 総推
413 明星大学
414 目白大学・短期大学部

ら・わ行（関東の大学）

415 立教大学（文系学部－一般入試〈大学独自の英語を課さない日程〉）
416 立教大学（文学部－一般入試〈大学独自の英語を課す日程〉）
417 立教大学（理学部－一般入試）
418 立正大学
419 早稲田大学（法学部）
420 早稲田大学（政治経済学部）
421 早稲田大学（商学部）
422 早稲田大学（社会科学部）
423 早稲田大学（文学部）
424 早稲田大学（文化構想学部）
425 早稲田大学（教育学部〈文科系〉）
426 早稲田大学（教育学部〈理科系〉）
427 早稲田大学（人間科・スポーツ科学部）
428 早稲田大学（国際教養学部）
429 早稲田大学（基幹理工・創造理工・先進理工学部）
430 和洋女子大学 総推

中部の大学（50音順）

431 愛知大学
432 愛知医科大学（医学部） 医
433 愛知学院大学・短期大学部
434 愛知工業大学 総推
435 愛知淑徳大学
436 朝日大学 総推
437 金沢医科大学（医学部） 医
438 金沢工業大学
439 岐阜聖徳学園大学・短期大学部 総推
440 金城学院大学
441 至学館大学 総推
442 静岡理工科大学 新
443 椙山女学園大学
444 大同大学
445 中京大学
446 中部大学
447 名古屋外国語大学 総推
448 名古屋学院大学 総推
449 名古屋学芸大学 総推
450 名古屋女子大学・短期大学部 総推
451 南山大学（外国語〈英米〉・法・総合政策・国際教養学部）
452 南山大学（人文・外国語〈英米を除く〉・経済・経営・理工学部）
453 新潟国際情報大学
454 日本福祉大学
455 福井工業大学
456 藤田医科大学（医学部） 医
457 藤田医科大学（医療科・保健衛生学部）
458 名城大学（法・経営・経済・外国語・人間・都市情報学部）
459 名城大学（理工・農・薬学部）
558 山梨学院大学 新

近畿の大学（50音順）

460 追手門学院大学 総推
461 大阪医科薬科大学（医学部） 医
462 大阪医科薬科大学（薬学部） 総推
463 大阪学院大学 総推
464 大阪経済大学 総推
465 大阪経済法科大学 総推
466 大阪工業大学 総推
467 大阪国際大学・短期大学部 総推
468 大阪商業大学 総推
469 大阪女学院大学・短期大学 総推
470 大阪成蹊大学・短期大学 総推
471 大手前大学・短期大学 総推
472 関西大学（文系）
473 関西大学（理系）
474 関西大学（英語〈3日程×3カ年〉）
475 関西大学（国語〈3日程×3カ年〉）
476 関西大学（文系選択科目〈2日程×3カ年〉）
477 関西医科大学（医学部） 医
478 関西医療大学 総推
479 関西外国語大学・短期大学部 総推
480 関西学院大学（文・社会・法学部－学部個別日程）
481 関西学院大学（経済〈文系型〉・人間福祉・国際学部－学部個別日程）
482 関西学院大学（神・商・教育〈文系型〉・総合政策〈文系型〉学部－学部個別日程）
483 関西学院大学（全学日程〈文系型〉）
484 関西学院大学（全学日程〈理系型〉）
485 関西学院大学（関学独自方式日程）
486 畿央大学 総推
487 京都外国語大学 総推
488 京都光華女子大学・短期大学部 総推
489 京都産業大学（公募推薦入試） 総推
490 京都産業大学（一般選抜入試〈前期日程〉）
491 京都女子大学 総推
559 京都先端科学大学 新 総推
492 京都橘大学 総推
493 京都ノートルダム女子大学 総推
494 京都薬科大学 総推
495 近畿大学・近畿大学短期大学部（医学部を除く－推薦入試） 総推
496 近畿大学・近畿大学短期大学部（医学部を除く－一般入試前期）
497 近畿大学（医学部－推薦入試・一般入試前期） 医 総推
498 近畿大学・近畿大学短期大学部（一般入試後期） 医
499 皇學館大学 総推
500 甲南大学 総推
501 神戸学院大学 総推
560 神戸国際大学 新 総推
502 神戸松蔭女子学院大学 総推
503 神戸女学院大学 総推
504 神戸女子大学・短期大学 総推
505 神戸薬科大学 総推
506 四天王寺大学・短期大学部 総推
507 摂南大学（公募制推薦入試） 総推
508 摂南大学（一般選抜前期日程）

2022年版 大学入試シリーズ（赤本）

私立大学③

509 同志社大学（法、グローバル・コミュニケーション学部－学部個別日程）
510 同志社大学（文・経済学部－学部個別日程）
511 同志社大学（神・商・心理・グローバル地域文化学部－学部個別日程）
512 同志社大学（社会学部－学部個別日程）
513 同志社大学（政策・文化情報〈文系型〉・スポーツ健康科〈文系型〉学部－学部個別日程）
514 同志社大学（理工・生命医科・文化情報〈理系型〉・スポーツ健康科〈理系型〉学部－学部個別日程）
515 同志社大学（全学部日程）
516 同志社女子大学 総推
517 奈良大学 総推
518 奈良学園大学 総推
519 阪南大学 総推
520 姫路獨協大学 総推
521 兵庫医科大学 医
522 兵庫医療大学 総推
523 佛教大学 総推
524 武庫川女子大学・短期大学部 総推
525 桃山学院大学／桃山学院教育大学 総推
561 大和大学・白鳳短期大学 新 総推
526 立命館大学（文系－全学統一方式・学部個別配点方式）／立命館アジア太平洋大学（前期方式・英語重視方式）
527 立命館大学（理系－全学統一方式・学部個別配点方式・理系型３教科方式・薬学方式）
528 立命館大学（ＩＲ方式〈英語資格試験利用型〉・共通テスト併用方式）／立命館アジア太平洋大学（共通テスト併用方式）
529 立命館大学（後期分割方式・「経営学部で学ぶ感性＋共通テスト」方式）／立命館アジア太平洋大学（後期方式）
530 龍谷大学・短期大学部（公募推薦入試） 総推
531 龍谷大学・短期大学部（一般選抜入試）

中国の大学（50音順）

532 岡山商科大学 新 総推
533 岡山理科大学 総推
534 川崎医科大学 医
535 吉備国際大学 総推
536 就実大学 総推
537 広島経済大学
538 広島工業大学
539 広島国際大学 総推
540 広島修道大学
541 広島文教大学 総推
542 福山大学／福山平成大学
543 安田女子大学・短期大学 総推

四国の大学（50音順）

544 徳島文理大学 新
545 松山大学

九州の大学（50音順）

546 九州産業大学
547 九州保健福祉大学 総推
548 熊本学園大学
549 久留米大学（文・人間健康・法・経済・商学部）
550 久留米大学（医学部〈医学科〉） 医
551 産業医科大学（医学部） 医
552 西南学院大学（商・経済・人間科・国際文化学部－Ａ日程）
553 西南学院大学（神・外国語・法学部－Ａ日程／全学部－Ｆ日程）
554 福岡大学（医学部医学科を除く－学校推薦型選抜・一般選抜系統別日程） 総推
555 福岡大学（医学部医学科を除く－一般選抜前期日程）
556 福岡大学（医学部〈医学科〉－学校推薦型選抜・一般選抜系統別日程） 医 総推
557 福岡工業大学

医 医学部医学科を含む
総推 総合型選抜・学校推薦型選抜を含む
CD リスニングCDつき　新 2021年 新刊・復刊

掲載している入試の種類や試験科目，収載年数などはそれぞれ異なります。詳細については，それぞれの本の目次や赤本ウェブサイトでご確認ください。

akahon.net
赤本｜ 検索

難関校過去問シリーズ

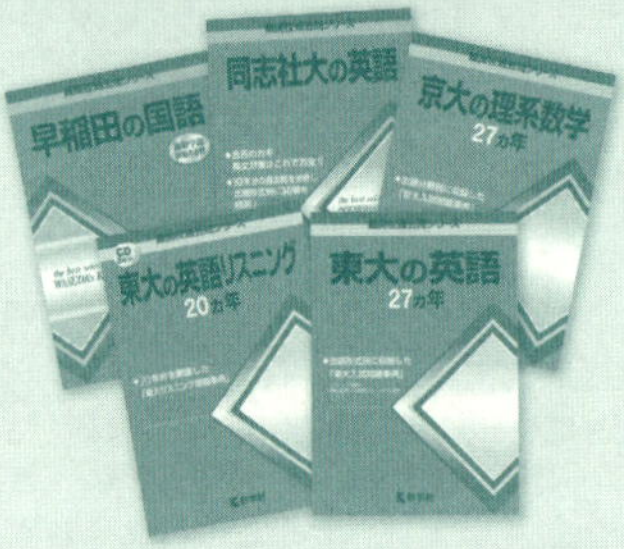

出題形式別・分野別に収録した

「入試問題事典」

19大学 63点

定価**2,178～2,530**円（本体1,980～2,300円）

先輩合格者はこう使った！
「難関校過去問シリーズの使い方」

国公立大学

東大の英語 27カ年［第10版］
東大の英語リスニング 20カ年［第7版］ CD
東大の文系数学27カ年［第10版］
東大の理系数学27カ年［第10版］
東大の現代文 27カ年［第10版］
東大の古典 27カ年［第10版］
東大の日本史 27カ年［第7版］
東大の世界史 27カ年［第7版］
東大の地理 27カ年［第7版］
東大の物理 27カ年［第7版］
東大の化学 27カ年［第7版］
東大の生物 27カ年［第7版］
東工大の英語 20カ年［第6版］
東工大の数学 20カ年［第7版］
東工大の物理 20カ年［第3版］
東工大の化学 20カ年［第3版］
一橋大の英語 20カ年［第7版］
一橋大の数学 20カ年［第7版］
一橋大の国語 20カ年［第4版］
一橋大の日本史 20カ年［第4版］
一橋大の世界史 20カ年［第4版］
京大の英語 27カ年［第11版］
京大の文系数学27カ年［第11版］
京大の理系数学27カ年［第11版］
京大の現代文 27カ年※ 新
京大の古典 27カ年※ 新
京大の日本史 20カ年［第2版］
京大の世界史 20カ年［第2版］
京大の物理 27カ年［第8版］
京大の化学 27カ年［第8版］
北大の英語 15カ年［第7版］
北大の理系数学 15カ年［第7版］
東北大の英語 15カ年［第7版］
東北大の理系数学15カ年［第7版］
東北大の物理 15カ年 新
東北大の化学 15カ年 新
名古屋大の英語 15カ年［第7版］
名古屋大の理系数学15カ年［第7版］
名古屋大の物理 15カ年 新
名古屋大の化学 15カ年 新
阪大の英語 20カ年［第8版］
阪大の文系数学 20カ年［第2版］
阪大の理系数学 20カ年［第8版］
阪大の国語 15カ年［第2版］
阪大の物理 20カ年［第7版］
阪大の化学 20カ年［第5版］
九大の英語 15カ年［第7版］
九大の理系数学 15カ年［第6版］
神戸大の英語 15カ年［第8版］
神戸大の数学 15カ年［第4版］
神戸大の国語 15カ年［第2版］

私立大学

早稲田の英語［第9版］
早稲田の国語［第7版］
早稲田の日本史［第7版］
慶應の英語［第9版］
慶應の小論文
明治大の英語［第7版］
中央大の英語［第7版］
法政大の英語［第7版］
同志社大の英語［第9版］
立命館大の英語［第9版］
関西大の英語［第9版］
関西学院大の英語［第9版］

新 2021年刊行
※ 2020年までは「京大の国語」として刊行

2022年版　大学入試シリーズ　No. 236

鎌倉女子大学
鎌倉女子大学短期大学部

2021年6月30日　第1刷発行

定価は裏表紙に表示しています

ISBN978-4-325-24413-4

編　　集　教学社編集部
発 行 者　上 原 寿 明
発 行 所　教　学　社

〒606-0031
京都市左京区岩倉南桑原町 56
電話 075(721)6500
振替 01020-1-15695

印刷　エーシーティー　　製本　藤沢製本